SOUVENIRS DE 1870-1873

2228

PATRIE

PAR

Charles PISSON

LE CATEAU

IMPRIMERIE DE J. LEMPEREUR, RUE DES FOURS, 20, TH. SAMADEN, SUCC.

1877

PATRIE

LA FRANCE COURONNANT SES MARTYRS.

SOUVENIRS DE 1870-1873

PATRIE

PAR

CHARLES PISSON.

« L'amour de la Patrie est la pierre de touche qui fait reconnaître les grandes âmes. »

VICTOR HOUZÉ.

« *Res non verba.* — Des actes et non des paroles. »

L. HOCHE.

« Il faut honorer les hommes qui ont contribué à la grandeur de la France, sans chercher à quelle opinion, à quel parti ils ont appartenu. Ils appartiennent à la Patrie, et c'est elle que nous servons, que nous grandissons en les honorant. »

JULES SIMON.

LE CATEAU

IMPRIMERIE DE J. LEMPEREUR, RUE DES FOURS, 20, TH. SAMADEN, SUCC.

1877

HOMMAGE

Ce livre est dédié à tous ceux qui aiment la France, et particulièrement à ceux qui ont donné leur vie, répandu leur sang pour la Patrie, qui l'ont défendue en 1870-1871, ainsi qu'aux parents des victimes de la TERRIBLE ANNÉE.

Ch. PISSON.

Le Quesnoy, le 1ᵉʳ Mars 1876.

LETTRE-PRÉFACE

Nous croyons que la lettre suivante du général Chanzy, gouverneur de l'Algérie, adressée à Mme Bernard, sœur du commandant Franchetti, tué à la bataille de Champigny, remplacera avantageusement toute autre préface, et résumera, en peu de mots, le double but de l'auteur, qui consiste à *faire aimer la Patrie, et à conserver le souvenir précieux des actes de ceux qui l'ont aimée, défendue et glorifiée pendant la guerre de 1870-1871*, etc.

« Madame,

« Le souvenir des dévouements historiques qui se sont produits pendant la dernière guerre, alors que la France défendait son honneur et son territoire, doit être religieusement conservé, parce qu'il honore le pays, lui rappelle ce qu'est le véritable patriotisme, et lui donne espoir pour l'avenir.

« La mort du commandant Franchetti est un de ces dévouements. J'ai été heureux d'honorer sa mémoire en donnant son nom au village qui vient d'être créé à *Dra-Remel,* dans la subdivision de Mascara, pour recevoir une partie de nos frères d'Alsace et de Lorraine qui ont voulu rester Français.

« Je sais, Madame, qu'en vous entretenant de celui que vous pleurez, c'est raviver votre douleur ; mais il y aura un soulagement dans cette pensée que vous n'êtes point seule à ne pas oublier.

« Veuillez agréer, Madame, l'expression de mes hommages les plus respectueux. (1) »

de Chanzy.

I

PATRIE

———

La Patrie est le memento ou le souvenir du cœur.

La Patrie, c'est le lieu où l'on a appris à parler, à aimer ;

La Patrie, c'est l'endroit où l'on compte comme enfant, comme homme et comme citoyen ;

La Patrie, c'est la terre des ancêtres. (2)

Comment renfermer dans quelques mots fugitifs, ce trésor dont le nom seul remplit l'âme de je ne sais quel feu soudain, mélange terrible d'amour, de jalousie et de fierté ? La Patrie ! c'est-à-dire les premiers tressaillements d'un cœur de douze ans sur une page d'histoire, les premiers serments du jeune homme à cet être mysté-rieux qu'il jure d'aimer, qu'il a l'orgueil de le servir ; enfin, l'heure venue, le repos du vieillard tranquille sur l'avenir de ses fils, la confiance que le pied de l'étranger ne dérangera pas sa tombe.

La Patrie ! c'est-à-dire l'église ou le temple où vous avez reçu le baptême, et dont le cimetière garde les os de vos pères.

La Patrie, c'est-à-dire le drapeau national que dans les dernières détresses des batailles, cent mains défaillantes se transmettent à travers le feu et la mort.

La Patrie ! c'est-à-dire tout un peuple, faisant retentir d'un pas libre le sol d'un grand pays. Tout cela, et plus encore, et dans un seul mot magique, *la réunion de tout ce que Dieu a mis de plus cher et de plus sacré au cœur de l'homme.* (3)

La Patrie, ce n'est, dit M. Labbé, ni le sol, ni la langue, ni la constitution politique, ni la race. Le gouvernement n'est pas non plus la Patrie, les gouvernements passent, l'Etat reste ; l'Etat n'est fort que quand il est juste. Ainsi entendu, l'Etat n'est plus que la nation elle-même, prenant conscience de son unité et s'élevant à la dignité d'une personne morale et responsable, parce qu'elle est libre. Point de responsabilité sans liberté. Un tel Etat ne sépare pas les gouvernants des gouvernés, il les unit au contraire, car il est avant tout la *chose publique, la chose du peuple, res populi, res publica.* (4)

Tu n'as peut-être, dit Emile Souvestre, jamais pensé à ce qu'est la Patrie ? C'est tout ce qui t'entoure, tout ce qui t'a élevé et nourri, tout ce que tu as aimé. Cette campagne que tu vois, ces maisons, ces arbres, ces jeunes filles qui passent là en riant, c'est la Patrie ! Les lois qui te protègent, le pain qui paie ton travail, les paroles que tu échanges, la joie et la tristesse qui te viennent des hommes et des choses parmi lesquels tu vis, c'est la Patrie !

La petite chambre où tu as vu autrefois ta mère, les souvenirs qu'elle t'a laissés, la terre où elle repose, c'est la Patrie ! tu la vois, tu la respires partout ! Figure-toi, mon fils, tes droits et tes devoirs, tes affections et tes besoins, tes souvenirs et ta reconnaissance ; réunis tout cela sous un seul nom, et ce nom sera la Patrie. (5)

La Patrie, c'est la négation et le rejet de l'axiome antique et égoïste *ubi bené, ubi patria, — où je suis bien, là est la Patrie ;* c'est la répudiation formelle des doctrines de l'Internationale ; et pour nous convaincre de ces vérités, lisons attentivement ce passage d'Edgard Quinet :

« Quelquefois, dans nos théories, je vois pâlir la France, la Patrie, au profit du genre humain. Ne vous abandonnez pas à cette pente. Si l'on cherchait l'origine de cette pensée, on verrait qu'elle est née sous la Restauration, dans la nuit de l'invasion, lorsque la France avait perdu la conscience d'elle-même. Ce système de renoncement à la nationalité est né dans le tombeau d'un peuple. D'ailleurs, ne sentez-vous pas que ce pays, cette terre que vous foulez, est nécessaire au monde ? M. de Maistre dit que la France est investie d'une véritable magistrature dans l'univers » ; quand ses ennemis parlent ainsi, sont-ce ses enfants qui soutiendront le contraire.

Les aveugles ne verront-ils pas que la magistrature continue avec la nécessité de la fonction ? que le peuple qui a fait la Révolution est nécessaire pour la diriger, pour l'expliquer, la développer ? Qui dira au monde le sens, la conséquence, l'esprit de cette ère nouvelle, si ce n'est le peuple qui l'a créée ou inaugurée ? Et d'ailleurs où est la puissance, où est la nation qui, à la place de la France, se charge de prendre la magistrature et les dangers qui y sont attachés ?

Aimez-donc ce pays, non comme une abstraction doctrinaire, mais comme une terre consacrée. Quand les métaphysiciens vous proposent *d'émigrer sans choix, sans souvenir, à la surface du globe,* rappelez-vous ce mot par lequel a été sauvée la Révolution : « *Emporterai-je ma patrie à la semelle de mes souliers ?* » (6)

Avant de parler de l'amour de la Patrie et de ce qui

nous la fait aimer, nous croyons devoir citer, auparavant, les treize vers si patriotiques et si beaux de Delphine Gay :

« Ah ! je vous apprendrai l'amour de la Patrie !
Le plus saint des amours... la Patrie est le lieu
Où l'on aima sa mère, où l'on connût son Dieu ;
Où naissent les enfants dans la chaste demeure,
Où sont tous les tombeaux des êtres que l'on pleure,
En vain l'on nous condamne à n'y plus revenir,
Notre pieux instinct l'habite en souvenir ;
Nous l'aimons, malgré tout, même injuste et cruelle,
Et pour ce noble amour il n'est point d'infidèle,
La haïr dans l'exil, c'est l'impossible effort ;
Proscrit, nous revenons lui demander la mort,
Et nous mourons joyeux si l'ingrate contrée,
Daigne garder nos os dans sa terre sacrée. » (7)

II

AMOUR DE LA PATRIE

« L'amour de la Patrie est la pierre de touche qui fait reconnaître les grandes âmes. C'est à ce sentiment élevé qu'est dû le dévouement sublime des Léonidas, des Décius, dont l'antiquité s'honore à juste titre. Il n'est pas l'apanage exclusif d'une caste. L'étincelle qui vient d'embraser les cœurs tombe indistinctement sur le plébéien et sur le patricien. » (8)

De tout temps, l'amour de la Patrie a été la première des vertus ; — sans patriotisme il n'existerait pas de nationalité — le patriotisme est si beau, si noble, si grand, si saint qu'il fait des prodiges.

C'est par le sentiment qu'il inspire, que tous ont été profondément émus en 1870, en apprenant la déclaration de guerre, nos défaites et l'envahissement de notre bien chère Patrie.

Alors que la France en danger a fait appel à ses enfants, le patriotisme a réchauffé tous les cœurs, et tous se sont sentis transportés d'admiration, en voyant avec quel courage, quelle abnégation et quel dévouement ces nobles enfants ont répondu à cet appel.

Le sang qui coulait dans les veines de ces jeunes soldats improvisés, c'était le sang de la Patrie, et ils étaient résignés à le verser pour sa défense.

Le cœur plein d'espérance, ils s'éloignaient de leur cité, abandonnant à la garde de Dieu, tels : un père infirme, une vieille mère, une sœur et des frères en bas âge, tels autres, une famille dont ils faisaient l'ornement, le bonheur, l'unique espoir, — une épouse, des enfants.

Le patriotisme, qui les animait a soutenu leur courage même dans la défaite. — Vaincus nulle part, — partout écrasés par le nombre, ceux d'entre eux que le feu de l'ennemi a frappé, mortellement, nous ont légué à tous, grands ou petits, riches ou pauvres, illustres ou inconnus, le plus bel exemple : *l'amour de la Patrie.* (9)

C'est lorsqu'on est éloigné de son pays que l'on sent surtout l'instinct qui nous y attache. A défaut de réalité on cherche surtout à se repaître de songes. Tantôt c'est une cabane qu'on aura disposée comme le toit paternel ; tantôt c'est un vallon, un bois, un côteau auxquels on fera porter quelques-unes de ces douces appellations de la Patrie. Andromaque donne le nom de *Simoïs* à un ruisseau : et quelle touchante vérité il y a dans ce petit ruisseau qui retrace un fleuve de la terre natale ! Loin des bords qui nous ont vu naître, toute la nature semble diminuée ; on dirait que ce n'est plus que l'ombre de celle que nous avons perdue. Une autre ruse de l'instinct de la Patrie, c'est de mettre un grand prix à des objets en eux-mêmes de peu de valeur, mais qui viennent du pays natal et que l'on a emportés dans l'exil. L'âme semble se répandre jusque sur les choses inanimées qui ont partagé nos destins.

Une partie de la vie reste attachée au duvet où sommeille notre bonheur, et surtout à la paille qui compta les veilles de notre infortune. Les plaies de l'âme, comme les blessures du corps, laissent leur empreinte sur tout ce qu'elles ont touché. Le peuple peint par une expression pleine d'énergie cette langueur de l'âme qu'on éprouve loin de sa Patrie ; il dit : *cet homme a le mal du pays.*

C'est véritablement un mal qui ne peut se guérir que par le retour. Mais pour peu que l'absence ait été longue, que de changements on trouve dans ces lieux qu'on désirait tant revoir ! Nous voyons des tombeaux où étaient des palais, et des palais ont remplacé les tombeaux. Le champ paternel est livré aux ronces ou à une charrue étrangère, et l'arbre sous lequel on fut nourri est abattu.

Mais quelles sont donc ces fortes attaches par lesquelles nous sommes enchaînés au lieu natal ? C'est peut-être le souvenir d'un vieux maître qui nous éleva, et des jeunes compagnons de notre enfance. Ou bien, ce sont les soins que nous avons reçus d'une bonne nourrice, d'un domestique âgé, partie essentielle de la maison.

Enfin, ce sont les circonstances les plus simples, si l'on veut même, les plus triviales ; ce sont les chiens qui aboyaient pendant la nuit dans la campagne, les rossignols qui revenaient tous les ans dans le verger, les nids des hirondelles aux fenêtres ; c'est le clocher de l'église que l'on voyait au-dessus des arbres, ce sont les ifs du cimetière, les tombeaux gothiques, voilà tout. Mais ces petits moyens démontrent la réalité de la Providence, car il est impossible qu'ils devinssent la source des grandes vertus patriotiques, si Dieu ne l'avait ainsi ordonné. (10)

A l'appui de ce que nous venons de rapporter sur

l'amour de la Patrie et des sentiments qu'il nous fait éprouver, citons un trait, entre mille, sur ce sujet :

Le brick de commerce, le *Golfe-Juan*, capitaine Charbonnel, venant d'Alger et se rendant à Antibes, relâcha à Toulon pour débarquer le corps d'un passager mort de joie et d'émotion en revoyant les côtes de France.

C'était un vieux brigadier des douanes qui, admis à la retraite aprés trente-cinq ans de service en Algérie, avait voulu finir ses jours dans le pays où il était né et qu'il n'avait plus revu depuis 1840.

Le bâtiment refoulé par un coup de vent d'Est, n'ayant pu attraper Antibes, fuyait devant le gros temps à proximité du littoral, et c'est en voyant défiler ce panorama, et en reconnaissant les sites et les localités qu'il avait si souvent visités dans sa jeunesse, que le pauvre douanier a éprouvé une syncope mortelle en apercevant le clocher de son village. (11)

O puissance du fait ! Comme Danton a eu raison de dire que *l'homme n'emporte pas sa patrie à la semelle de ses souliers.*

Il est donc vrai que certaines fibres secrétes nous attachent au sol où nous avons grandi, et que chacun de nous, dans un coin de son cœur, sent vibrer, tôt ou tard, ce sentiment profond, mystérieux, plein de séve et de force qu'on nomme *l'amour de la patrie.*

Pauvre et sublime exilé, qui n'attendait pour mourir que de pouvoir rendre son dernier soupir aux lieux où, pour la première fois, il avait soupiré !

Sans doute il devinait que l'heure était proche où il ne serait plus temps, et il est parti bravement, alerte, malgré son grand âge, soutenu par cette pensée que là-bas, de l'autre côté de la Méditerranée, tout ce qu'il avait connu, tout ce qu'il avait chéri, allait lui apparaître de nouveau.

Quelle puissance invincible attirait donc ainsi le voyageur, et qu'avait besoin ce soldat blanchi sous le harnais du service, de se lancer comme cela, tout-à-coup, dans les hasards d'une traversée, lui à qui le repos semblait devoir être si nécessaire?

Avait-il laissé derrière lui une femme, des enfants, une famille qui d'avance se faisaient une fête de son retour?

Non ; depuis plus de vingt ans il avait tout quitté ; il vivait seul au monde, et ses affections, en tout cas, étaient plutôt sur la terre d'option où il était fixé.

Mais il s'était souvenu qu'il y avait quelque part, au loin, un village où il était né, une maisonnette dans laquelle s'étaient écoulées ses jeunes années, des arbres dont l'ombre l'avait abrité, une place où enfant, il avait pris ses ébats ; des prés dont il avait foulé l'herbe ; une église dans laquelle il avait prié.... Et il était parti pour revoir tout cela, peut-être aussi parce que, sachant quels malheurs avaient accablé la belle France, et il se disait qu'en ces heures de détresse, plus que jamais le pays devait voir ses enfants réunis autour de lui.

Exemple concluant de ce que peut *l'amour de la patrie,* cette noble et pure passion, ce culte qui a toute l'ardeur, toutes les superstitions, tout le fanatisme d'une religion.

Il faut qu'elle soit bien solide, la chaîne qui rive nos âmes au clocher natal, pour que les êtres même les moins prédisposés par leur éducation, à en subir l'influence, ne puissent se soustraire à l'action terrible qu'exerce le *mal du pays.*

On n'a pas oublié les ravages que ce mal fit parmi nos troupes d'Orient pendant la guerre de Crimée.

Les soldats français, énervés par un long séjour sur

cette terre lointaine, furent, pendant les derniers mois surtout décimés par la nostalgie. Ils expiraient — comme nos pauvres prisonniers d'Allemagne — en murmurant : *France!.... France!....* et leurs yeux, qui se fermaient, jetaient un dernier regard dans la direction du pays.

Depuis plusieurs mois, les habitants du quartier du faubourg Montmartre avaient remarqué une jeune femme qui se promenait de longues heures chaque jour, d'une extrémité à l'autre de la rue de Châteaudun.

Elle était en grand deuil, un long voile noir protégeait sa figure contre les indiscrétions du public.

Elle poussait une petite voiture dans laquelle se prélassait un enfant blanc et rose, qui paraissait jouir d'une parfaite santé.

Tant que l'enfant dormait, sa mère veillait attentivement à ce que la voiture-berceau roulât uniformément calme et sans cahots. Mais à sa démarche lente, à l'inclinaison de sa tête toujours penchée, il était facile de deviner que cette jeune femme avait perdu la moitié de son âme.... Lorsque, à l'appel de l'enfant, elle relevait son voile pour lui sourire, les passants se croyaient en présence de la statue du désespoir.

A Paris, rien n'est plus aisé que de passer inaperçu dans la foule, quand rien ne vous désigne à la curiosité. Au contraire, dès qu'une personne n'est pas comme tout le monde et offre une particularité quelconque, Paris devient un grand village et cent curieux se mettent à la piste de ce qu'ils croient être un mystère.

C'est ce qui eut lieu pour la dame en grand deuil que l'on nomma d'abord *la femme à la petite voiture.*

Puis on voulut savoir ce qu'elle était et ce qu'elle faisait. Hélas ! il n'y avait aucun mystère dans cette existence régulière et triste. Madame X... vivait seule.

Veuve d'un officier de l'armée française tué à Châteaudun, elle se consacrait à l'éducation de son fils, sans oublier un seul instant l'héroïque soldat mort pour la Patrie.

Il n'y avait donc point de mystère ; mais il y avait une immense douleur, devant laquelle s'inclinaient sympathiquement tous ceux qui étaient dans le secret, de ces longues promenades faites dans la rue de Châteaudun, en souvenir de la bataille où avait été tué le brave officier.

Aucun d'eux n'avait osé offrir de banales consolations à la veuve-mère, tant on comprenait que c'eût été plutôt raviver que calmer sa douleur ; mais tous s'intéressaient à elle.

Quand elle passait, on étudiait son attitude dans l'espoir de découvrir un symptôme d'apaisement.

Un jour elle ne parût pas. Ce fut une déception pour les habitants du quartier ; il leur sembla qu'il leur manquait un génie famillier.

Plusieurs jours s'écoulèrent, et, comme on oublie vite à Paris, on commençait à prendre son parti de la disparition de la femme à la petite voiture.

Quinze jours après, elle se montra de nouveau, poussant comme d'habitude la voiture de son enfant ; mais au lieu de marcher à pas comptés, la tête inclinée en avant, elle était droite et ferme, la figure découverte, le regard fixe ; ses mouvements étaient brusques, saccadés, automatiques.

Ce fut pour tout le monde un sujet d'étonnement d'abord, et bientôt de commisération ; la voiture était vide ; on n'y voyait plus que les vêtements de l'enfant.

Le pauvre petit être était mort... et sa mère avait perdu la raison...

Emu de pitié, un commerçant respectable par la position et par l'âge, s'approcha de la jeune femme, bien décidé à ne pas la laisser dans son abandon.

Elle ne le vit pas ; elle n'entendit pas ses paroles ; continuant une conversation qu'elle s'imaginait tenir avec son enfant :

« *Oui, mon petit Georges,* disait-elle, *tu seras brave comme l'était ton père. Je te garde son épée ; tu la mettras au service de la Patrie ; un jour tu vengeras et ton père et la France...*

Et surexcitée par la douleur et le patriotisme confondus par la folie, elle disparut.

Depuis lors on n'avait plus vu la femme à la petite voiture.

Hier, en passant devant l'Eglise de Notre-Dame-de-Lorette, j'ai vu des tentures noires au chiffre de la veuve ; j'ai eu le pressentiment que cette pauvre femme avait fini de souffrir.

Je ne me trompais pas ; c'était bien le convoi de la femme à la petite voiture.

J'ai voulu lui rendre les derniers honneurs, et j'ai pieusement jeté sur son cercueil une pelletée de terre en signe de sympathie patriotique.

Mais cette sympathie patriotique ne s'applique qu'à la douleur de cette malheureuse femme qui n'a pu survivre à la perte de son mari et de son enfant.

Plût à Dieu que ce fût la dernière victime de ce passé terrible (1870-71).

Plût à Dieu qu'après avoir donné une larme à la pauvre femme tant éprouvée, tous nos lecteurs reprissent courage et se raffermissent pour toujours dans leur volonté énergique de ne jamais céder au désespoir. (12)

III

DRAPEAU

QUELLE EST L'IMAGE ET LE SYMBOLE DE LA PATRIE ?

C'est le drapeau qui est l'image et le symbole de la patrie.

Demandez aux voyageurs quelles émotions ils ressentent, lorsque dans un pays lointain le drapeau tricolore leur apparaît au faîte d'une maison consulaire ou d'ambassade.

Cette simple draperie flottant au gré du vent ou même replié sur la hampe, leur fait battre le cœur, presque aussi fort que s'ils venaient de traverser la frontière.

Ce drapeau, que l'on regardait indifféremment lorsqu'on foulait le sol natal, prend à distance des proportions énormes que l'imagination lui donne et que la réalité morale lui conserve.

La France, cette France si chère, semble contenue dans ces plis, et dans un élan d'amour filial, on a vu des voyageurs embrasser le drapeau et verser des larmes de bonheur.

Pour le soldat, le drapeau est l'emblême de l'honneur, du courage, du devoir, de la patrie pour laquelle il se fait tuer.

La dernière guerre (1870-1871), a fourni par centaines

les traits d'héroïsme d'officiers ou de soldats qui, à la suite d'une bataille désastreuse, ont affronté cent fois la mort, emportant, roulés autour de leur corps, sous des vêtements de paysans, les glorieux lambeaux tricolores qu'ils ne voulaient pas laisser aux mains de l'ennemi. (13)

Le soldat français a pour ses drapeaux un sentiment qui tient de la tendresse ; ils sont l'objet de son culte comme un présent reçu des mains d'une mère. (14)

Bien des historiens s'accordent à dire que c'est sous Charles VIII que l'on créa la dénomination du mot *drapeau,* dénomination importée d'Italie par l'armée de ce souverain.

La question du drapeau ayant été agitée si souvent depuis la guerre, et ayant jeté, en quelque sorte, un voile sur notre véritable symbole national, que nous croyons être agréable à nos lecteurs, en leur traçant l'historique de l'objet qui représente les grands principes de nos libertés, conquises par nos péres de 1789.

Historique.

Les Gaulois avaient pour emblême militaire et national un étendard jaune, sur lequel étaient représentés un bœuf, un sanglier, un dragon, un serpent ou un oiseau quelconque. La couleur jaune a été conservée par les Espagnols et les Belges, descendant, comme nous, de l'antique race.

M. le comte de Chambord, dans son manifeste du mois de juin 1871, a dit :

« *Je ne me laisserai pas arracher des mains l'étendard d'Henri IV, de François Ier et de Jeanne d'Arc.* »

Un élève des écoles primaires, lisons-nous dans le
Progrès du Nord, nous adresse la lettre suivante :

Le drapeau blanc n'a jamais été le drapeau de Jeanne
d'Arc, ni de saint Louis, ni de François Ier.

Le drapeau de saint Louis et de Jeanne-d'Arc était
rouge, fleurdelisé de lis d'or. (15)

Le drapeau des Valois était bleu. Le drapeau blanc,
drapeau de la branche des Bourbons, n'est devenu le
drapeau de la France monarchique qu'à la suite de
l'avénement d'Henri IV. (16)

Les Francs-Ripuaires avaient pour symbole une épée
ayant la pointe en haut ; les Francs-Saliens et les Sicam-
bres une tête de bœuf. Des animaux parurent aussi sur
la bannière des premiers rois Francs ; puis on leur
substitua des images de saints.

Sous Clovis Ier, c'est la chape de saint Martin de
Tours, d'un bleu azur, qui sert d'étendard et de bannière ;

Sous Charlemagne, c'est une bannière bleue à trois
flammes avec six tréfes rouges ;

Sous les Capétiens, c'est l'oriflamme de l'abbaye de
Saint-Denis, pourpre avec ornements d'or qui sert d'étendard national.

Cependant, au temps des Croisades, outre l'oriflamme
qui ne sortait de l'Abbaye que dans les circonstances
solennelles — nos rois adoptèrent :

Saint-Louis, une bannière bleue azur aux fleurs de lis
d'or ;

Charles V, une bannière de pourpre avec ornements
d'or comme l'oriflamme ;

Charles VIII, le drapeau bleu à croix blanche, semé
de fleurs de lis d'or ;

François Ier, le drapeau mi-partie bleu et blanc ;
Henri IV, le drapeau blanc uni ;

Louis XV, le drapeau bleu à croix blanche fleurde-
lisée.

La France, depuis 1789, s'abrite sous le drapeau tricolore, emblême des libertés qu'elle a si péniblement
conquises.

Le drapeau, c'est la personnification de la Patrie, et
l'attachement à ce drapeau du peuple français, est la
conséquence de ses espérances symboliquement conte-
nues : son amour de la liberté, de l'égalité, de la justice,
de sa haine des priviléges.

La Révolution de 1789, dit M. Thiers, dans son Message
du 14 Novembre 1872, a été faite pour qu'il n'y ait plus
de classes, pour qu'il n'y eût dans la nation que la nation
elle-même, la nation une, vivant tout entière sous une
même loi, supportant les mêmes charges, jouissant des
mêmes avantages, et où chacun, en un mot, fut récompensé et punit suivant ses œuvres. (17)

En agissant ainsi, la Révolution de 1789 a établi, sur
la base de la véritable justice sociale, l'existence de tous ;
et ses principes ont envahi le monde, parce qu'ils
n'étaient autre chose que cette justice sociale proclamée
et appliquée pour la première fois sur la terre. Et c'est
parce qu'elle avait cette signification qu'on a pu dire du
drapeau tricolore qu'il ferait le tour du monde. Longtemps, à la suite d'un conquérant, il s'est promené victorieux chez les nations européennes, mais si ses œuvres
matérielles ont péri, ses œuvres morales subsistent et
sont la plus solide gloire de la France, bien plus que des
victoires qui, selon les hasards de la force, passent d'un
drapeau à un autre drapeau.

Les trois couleurs, réunies depuis Henri IV, étaient

diversement attribuées par les rois ; le *blanc* était le signe du commandement, signe plus souvent que drapeau, dans le sens strict de cette expression. Le *bleu* rappelait le ciel, la patrie céleste, et le *rouge* représentait le sang versé sur les champs de bataille.

Quoiqu'il en soit, en 1789, les députés du Tiers-Etat adoptèrent la cocarde tricolore qui se répandit davantage à mesure que la Révolution devint plus puissante.

Par une singulière coïncidence, les trois couleurs étaient en même temps celle de la capitale, la grande cité.

La cocarde tricolore s'imposa si bien que Louis XVI, voulant donner des gages à la nation, l'adopta lui-même en juillet 1789.

Les régiments reçurent des drapeaux tricolores, et le 22 octobre, cette transformation fut consacrée par une loi de l'Assemblée constituante, qui, sur la motion de Mirabeau, rendit obligatoire pour les vaisseaux de l'Etat, le pavillon aux trois couleurs.

De 1789 à 1801, le drapeau français est à fond blanc, coupé par deux angles rouges et blancs.

De 1801 à juin 1815, le drapeau national est tricolore ; au bâton ou hampe adhère le bleu, le blanc au milieu, et le rouge est la partie flottante.

Avant de continuer l'historique de notre drapeau national, il ne sera peut-être pas inutile de retracer aux yeux du lecteur, l'inscription du drapeau tricolore donné à l'armée d'Italie en 1796, par le directoire, inscription faite par ordre de Napoléon Ier ; la voici dans son éloquent laconisme :

« Elle — l'armée — a fait 150,000 prisonniers, pris 170 drapeaux, 550 pièces d'artillerie de siège, 600 pièces de campagne, 500 équipages de ponts, 9 vaisseaux,

12 frégates, 12 corvettes, 18 galères; donné la liberté aux peuples de l'Italie, envoyé à Paris les chefs-d'œuvre de Michel-Ange, du Guerchin, du Titien, de Paul Véronèse, du Corrége, de l'Albane, de Carache, de Raphaël, etc., triomphé en dix-huit batailles rangées et livré soixante-sept combats. » (18)

A la Restauration, en 1815, les émigrés adoptèrent par opposition à la nation française, le drapeau blanc, et Louis XVIII fit déclarer par une loi que ce drapeau serait désormais le seul officiel, le seul reconnu.

De même, la cocarde tricolore fut remplacée par la cocarde blanche. (19)

La dépossession du drapeau tricolore par le drapeau blanc fut un défi jeté à la nation et à la Révolution de 1789.

Aussi Louis-Philippe Ier, en montant sur le trône, ne se contenta-t-il pas de reconnaître les droits politiques du peuple ; il rétablit le drapeau tricolore, celui qui abrite encore aujourd'hui nos droits politiques et nos libertés, et il sera notre guide — espérons-le — dans les destinées que l'avenir nous réserve.

Le drapeau tricolore date donc de 1789 ; il a la même origine que la France nouvelle, celle qui a secoué et renversé l'ancien joug féodal, imposé à nos ancêtres au 5me siécle ainsi qu'à leurs descendants, par les Francs ou Germains, et que nous nommons aujourd'hui *Allemands.* Comme les principes qu'il représente, il inspirait la même haine, aussi les Vendéens, ces anciens chouans, chantaient encore en 1844, en traversant les bois et les sentiers de leur pays :

. . . .

. . . .

Le *rouge* annonce le carnage,
Le bleu, la guerre au firmament ;
Ce n'est que pour assouvir sa rage,
Qu'*il* — Louis-Philippe — ose profaner le blanc.

Le drapeau tricolore a fait le tour du monde, a dit Lamartine en 1848, tandis que le drapeau rouge n'a fait que le tour du Champs-de-Mars souillé de sang. (20)

En 1848, la disposition des couleurs du drapeau fut modifiée, et les couleurs furent placés de cette manière : le rouge à la hampe, le bleu au centre et le blanc à la partie flottante, mais ce nouvel ordre dans les couleurs du drapeau dura peu : on reprit le drapeau tel que nous l'avons depuis.

Voilà pourquoi le drapeau tricolore, que nous aimons, est l'emblême de la liberté politique, de l'égalité civile, symbole des progrés nouveaux que ceux réalisés permettent d'espérer ; voilà pourquoi le drapeau tricolore, le drapeau de la République est et restera le drapeau de la France.

Le drapeau blanc, lui, signifie :

Suppression de la liberté de la parole, de la presse, du suffrage universel pour le peuple ; libertés qui se trouveraient menacées au profit de certains privilégiés.

Le retour du drapeau blanc serait la guerre civile. « Arboré en face du drapeau tricolore, les chassepots partiraient d'eux-mêmes. » (21)

IV

ALSACE & LORRAINE

OU LA FRANCE MUTILÉE.

———

Avant de rappeler les faits qui prouvent, jusqu'à la dernière évidence, qu'on aime son pays quand on les accomplit, nous voulons graver auparavant, dans notre mémoire, le précieux et douloureux souvenir de la perte de notre chère Alsace et celle de notre bien-aimée Lorraine : perte que nous pleurerons jusqu'au jour de leur retour — pacifique, espérons-le — à la France, la Patrie, pleurée par tous les cœurs français.

———

Pertes qu'éprouve la France

EN PERDANT 'L'ALSACE ET LA LORRAINE.

———

Grandes villes. — Douze grandes villes : Strasbourg, Colmar, Metz (la pucelle), Thionville, Saverne, Schelestadt, Wissembourg, Hagueneau, Mulhouse, Sarreguemines, Château-Salins, Saarbourg ;

Petites villes. — Quatre-vingt-quinze ;

Villages. — Mille sept cent cinquante ;

Habitants. — Un million six cent mille ;

Forteresses. — Douze forteresses, trois arsenaux et une fabrique de poudre ;

Instruction. — L'Académie universitaire de Strasbourg et l'Ecole d'application militaire de Metz avec sa riche bibliothéque ;

Religion. — Les évêchés de Strasbourg et de Metz ;

Forêts. — Quatre cent soixante mille hectares;

Riviéres navigables. — Trois cent soixante-dix kilomé-tres ;

Canaux. — Trois cents kilométres ;

Chemins de fer. — Sept cent trente-cinq kilométres ;

Recettes de la Propriété fonciére. — Quatre-vingt-huit millions cinq cent mille francs ;

Impôts indirects. — Soixante-deux millions quatre cent mille francs ;

Ensemble de l'impôt. — Cent cinquante millions ;

Banque. — Trois succursales ;

Monnaies. — Hotel des monnaies de Strasbourg ;

Tabacs. — Deux manufactures ;

Fabriques liniéres. — Cent soixante ;

Fabriques de porcelaines. — Cent soixante ;

Brasseries. — Trois cent quarante-cinq ;

Le Livre de la Patrie

OU DE CEUX QUI ONT OPTÉ POUR LA FRANCE

Aux termes des traités, le gouvernement français a délivré à la fin du mois de décembre 1872, à l'Allemagne, la liste des Alsaciens-Lorrains qui ont opté pour la nationalité française.

Cette liste qui se composait de *trois cent quatre-vingt mille* noms, a été imprimée à l'imprimerie nationale à Paris.

Pendant près de trois mois, *cent vingt-cinq* compositeurs ont été employés à ce grand travail, et le tirage a constamment occupé, même une partie des nuits, *sept presses* mécaniques.

L'ensemble formait *huit cent vingt-et-un* feuillets in-8º carré, soit *treize mille cent trente-six* pages. (22)

Fleurs d'Alsace

Petit bouquet, plein de grâce,
Chers et doux myosotis,
Parlez-moi de mon Alsace,
Parlez-moi de mon pays.
Je vous accueille avec joie,
Fleurs mignonnes qu'on m'envoie
De la terre des douleurs !...
Que vous me semblez jolies !...
Je laisse tomber mes pleurs.
Là-bas, pendant la veillée,
La paupière encore mouillée,
Maudissent-ils nos vainqueurs ?
Et, dominant sa souffrance,
Si l'un d'eux nomme la France,
Fait-il bondir tous les cœurs ?...

Dites-moi, quand le jour tombe,
Tressaillent-ils dans leur tombe,
Nos vaincus des grands combats?
Et, comme tous ces fantômes
Ne vont-ils pas sous les charmes,
Murmurant : « N'oubliez pas !... »

FRANTZ. (*)

Ces belles petites fleurs embaument de parfum patriotique qu'elles dégagent, réveillent d'amers souvenirs,
mais l'espérance s'en dégage aussi et cela fait
compensation.

(*) *Courrier populaire* de Lille.

V

QUAND ON AIME LA PATRIE

ON LE PROUVE PAR SES ACTES.

Paris héroïque et patriote

Paris, c'est la reine des cités. C'est à elle que tous les peuples viennent demander la lumière. Elle est souveraine par les arts, les sciences et l'industrie... C'est elle qui marche en tête du progrès et qui consacre les renommées. L'auréole glorieuse n'a tout son éclat qu'alors que ses mains en ont allumé les rayons.

Là se touchent les plus lointains extrêmes ; là se confondent toutes les grandeurs et toutes les infirmités, tous les plaisirs et toutes les souffrances, tout ce qui est sombre...

C'est l'immensité chatoyante et mystérieuse : la mer des passions dont Dieu seul connaît le fond... C'est Paris, *soleil ou volcan il doit éclairer la terre.* (23)

C'est ce Paris qui, pendant cinq mois, supporta la faim, le froid, l'ennui mortel de l'investissement. Nous dirons quel fut l'héroïsme inébranlable de cette cité dont on n'attendait pas (en 1870) un mois de résistance ; quelle attitude admirable elle eût sous les bombes ; comment elle supporta une effrayante mortalité ; par quelle suite de malentendus déplorables et de défiances réciproques, tant de bonnes volontés furent négligées, qui éclatèrent enfin inutilement, mais glorieusement, à Montretout, bataille livrée trop tard, sans énergie en haut, sans espoir en bas, mais qui permettait enfin aux citoyens de mourir en soldats.

Paris ayant mangé son dernier morceau de pain, (24) nos armées de provinces ruinées, la France traita ; mais dans son désespoir, elle eut une dernière convulsion : *la Commune !...* Elle se déchira les entrailles et se mordit au cœur. . . . .

. . . .

Non, ce n'est pas une capitale déchue, celle qui se montra stoïque jusqu'à refuser la *capitulation,* quand *cinq mille* de ses citoyens mouraient d'inanition par semaine, et qui en imposa à ce point aux vainqueurs, qu'en face des éventualités terribles d'une occupation réelle, ceux-ci n'osèrent franchir la place de la Concorde, ce seuil du vrai Paris.

Seul, sous les canons des forts, en face de cette immense armée, ce peuple était encore si redoutable que l'ennemi s'arrêta devant lui : tel fut Paris, telle fut la France. (25).

Dévouement de M. Léon Gambetta,

OU LE VOYAGE EN BALLÓN.

Jeudi, 6 octobre 1870, à dix heures du matin, *cinq cent mille personnes* se pressaient sur le Champ-de-Mars, à

Paris : un bruit invraisemblable s'était répandu, et les Parisiens fidèles à leur vieille réputation, s'étaient empressés de se prêter à ce qu'ils pensaient n'être qu'une mystification. « *Si cependant c'était vrai !* » s'était-on dit. Et de courir. Ce bruit était celui-ci : *Gambetta, pénétré de l'insuffisance du Gouvernement de Tours, se disposait à aller renforcer de son jeune et admirable génie, la pâle trinité qui compose la délégation, et, comme toutes les issues de la Capitale sont étroitement gardées par les Prussiens, il avait pris l'héroïque détermination de partir en ballon avec Nadar.* — Mais,

« Le vrai peut quelquefois n'être pas vraisemblable ! »

Les Prussiens, ce jour-là, éprouvèrent la justesse de l'aphorisme un peu risqué du poëte classique *(Boileau).* En effet l'aérostat de Nadar était là, au beau milieu du Champ-de-Mars, balançant sa sphère moëlleuse au bout des cordages, qui le retenaient prisonnier au sol de Paris. Nadar se promenait au-dessous, surveillant les apprêts de son chef d'équipe.

A dix heures sonnant, des acclamations formidables retentirent sur les quais. C'était Gambetta en personne qu'une voiture amenait. Autour de lui une foule compacte, passionnée, puissante comme une marée océanique, se pressait, s'écrasait, portait la voiture bien plus qu'elle ne roulait. On risquait sa vie pour lui serrer la main ou seulement l'apercevoir. Le cortège populaire fit une trouée immense dans la foule qui encombrait le Champ-de-Mars ; Gambetta descendit au-dessous du ballon qui allait emporter, vers de périlleux destins, l'un des plus grands citoyens de France. Il était calme, mais profondément attendri.

Il y eut un temps d'arrêt dans les clameurs enthousiastes de Paris, — car on peut dire que Paris entier
était là, oppressé, haletant d'une inexprimable anxiété.
— On vit alors l'aérostat se dresser : les aides relâchaient
les cordages pour mettre la nacelle à niveau. Un silence
absolu régnait dans l'immense multitude. Enfin, un
brusque mouvement se fit : le ballon s'élançait entraînant au zénith Gambetta et Nadar. Une clameur gigantesque s'éleva sur toute l'étendue du Champ-de-Mars,
des quais, des ponts de la place de la Concorde, des
Champs-Elysées, de partout :

« Vive la République! »

C'était la France qui jetait son souhait suprême à celui
qui se dévouait pour elle. Le vent très-peu caractérisé,
ce qui doublait les dangers de l'expédition, soufflait du
sud. Arrivé à 50 mètres environ, au lieu de continuer à
s'élever, le ballon dévia vers le nord et s'approcha des
lignes prussiennes. Malheureusement instruit par les
précédents, l'ennemi était sur ses gardes et l'aérostat
avait été signalé dès son départ. Une grêle de projectiles
l'accueillit, et, vu la brièveté de la distance, la fusillade
rendait la position des hardis voyageurs des plus précaires. De plus, le tir des postes attira l'attention des
autres, de sorte que le wagon aérien eut à essuyer le
feu d'une véritable armée. Nadar estime à plus de cent
mille le nombre des coups de fusils qui furent dirigés
contre eux.

Par un hasard qui tient du prodige, pas une balle
n'atteignit les voyageurs, bien que la nacelle en fut criblée
et que le tissu eut beaucoup à souffrir.

On était assez près de terre pour voir très distinctement les travaux ennemis ; les différents uniformes des soldats et officiers qui leur recommandent l'action de leur tir. Toute la section de l'armée allemande au-dessus de laquelle passait le ballon, était sur pied et en armes, tiraillant à l'envi. Le péril était imminent. Nadar fit des efforts prodigieux pour éviter une descente au milieu du campement ennemi. Il jeta son lest, ses banquettes, ses instruments, grimpa comme un écureuil sur les flancs de son ballon pour boucher les trous : il réussit à se maintenir entre cinq cents et quatre cents mètres, mais toutes ses tentatives pour monter en dehors des projectiles demeurèrent vains. Le gaz fuyait par des blessures qui échappaient à ses recherches. Pendant ce temps-là, les Prussiens tiraient toujours et les balles passaient en sifflant, effleurant sa tête et celle de Gambetta qui, se jugeant perdu, écrivait à la hâte ses derniers ordres sur son carnet.

Enfin, après une heure de cette lutte étrange, les voyageurs dépassèrent la zône d'occupation ; ils naviguaient maintenant au-dessus d'une campagne presque déserte. Il était temps ; le ballon descendait. Ils aperçurent un détachement nombreux qui sortait d'un bouquet d'arbres et ils les prirent d'abord pour des mobiles. Leur espoir fut de courte durée : une décharge d'ensemble leur arriva brusquement, qui troua l'aérostat près de son orifice et blessa M. Gambetta à la main. L'effet de cette fusillade fut de faire tomber le ballon à cent mètres de terre. Déjà les hourras tudesques retentissaient et les Prussiens se préparaient à saisir leur proie, lorsqu'une brise soudaine reprit le ballon et le releva de quelques centaines de pieds, le poussant vers le nord. L'on recommença à voguer à la grande déception des avides sujets de Guillaume.

Une demi-heure après, le pays paraissant absolument

dégarni d'ennemis, les voyageurs se préparaient à opérer leur attérissement auprés d'une ferme isolée. Au moment même où ils commençaient l'opération, la porte de la ferme s'ouvrit et livra passage à une bande de soldats bavarois qui ouvrirent un feu nourri contre l'infortuné ballon ; celui-ci reprit son vol, mais à quelques kilomètres de là, faisant air par cent blessures, le vaisseau aérien de Nadar se mit à baisser pour ne plus se relever.

La nacelle s'accrocha aux branches d'un vieux chêne, et le choc culbuta les passagers qui se trouvérent suspendus dans la plus critique des situations.

En ce moment des bandes de paysans armés de fourches et de faulx accoururent au pied de l'arbre, menaçant de faire un mauvais parti aux aéronautes, qu'ils prenaient pour des Prussiens. M. Gambetta saisit alors l'étendard aux couleurs nationales et l'agita aux cris de « *Vive la République !* »

D'ennemis, les paysans se changérent subitement en amis, en amis dévoués, et s'empressérent d'aider les naufragés à se tirer d'affaire. Quand ils apprirent de Nadar le nom de celui qu'il leur annonçait, leur enthousiasme éclata violemment ; M. Gambetta fut l'objet d'ovations et de prévenances qui l'émurent profondément. Il sut par ses nouveaux amis qu'il se trouvait à Tricault (Oise) ; on l'emmena chez le maire. En même temps, un homme tout essoufflé accourut annoncer l'arrivée des ennemis qui poursuivait l'aérostat.

De Tricault M. Gambetta fut conduit dans le chariot d'un paysan, à Saint-Didier, où il fut reçu par M. le sous-préfet, ancien officier qui le transporta à Amiens, où il arriva au milieu de la nuit (6 octobre 1870).

Tel est l'odyssée de notre illustre ami, nous l'avons dit

hier, sans en connaître encore les détails, cette expédition est la première du genre qu'un chef de gouvernement ait jamais osé réaliser dans de telles conditions ; elle peut aller de paire avec les exploits les plus fameux relatés par les vieilles chroniques. La dette contractée par la nation envers ce fils héroïque s'augmente d'autant : l'histoire seule peut la payer.

M. Gambetta ne nous a pas seulement apporté le secours de son génie, il nous a en même temps ramené l'espérance. « *Quand ils seraient trois millions au lieu de trois cent mille,* a-t-il dit, *je vous déclare qu'ils ne prendront pas Paris.* » (26) Il est absolument convaincu que les Prussiens, loin de persister dans leurs prétentions, seront les premiers à demander la paix, leur situation déjà difficile, empirant de jour en jour, et le mécontentement des soldats allemands allant toujours grandissant.

M. Gambetta est parti pour Tours, laissant à M. Testelin les pouvoirs les plus étendus. (27) H. V.

Le Notaire Patriote

M. Tharel, brasseur à Mamers (Sarthe), a un frére dans le département des Ardennes ; c'est de celui-ci dont je veux vous entretenir.

M. Tharel, au moment de la guerre de 1870-71, était notaire à Aubigny.

Quand nos frontiéres furent forcées et que la Patrie

fut en danger, grâce à l'empire, on forma à la hâte les gardes nationales.

L'empire qui tenait peu à la France, pourvu qu'il sauvât sa dynastie, (28) avait grand'peur de la *nation armée*, (29) et refusait presque partout des fusils ; mais les Ardennes étaient si prés de l'ennemi !... On accorda cependant des armes aux patriotes d'Aubigny.

M. Tharel fut nommé capitaine. Puis les Prussiens arrivèrent. Hélas ! ils devaient arriver bien plus loin encore !

Maudits soient ceux qui leur ont ouvert le chemin !

Le capitaine fut dénoncé à l'envahisseur comme chef de la résistance, et fait prisonnier de guerre en cette qualité.

On le somma de livrer les contrôles de sa compagnie, c'est-à-dire de dénoncer ses soldats et ses amis. Il répondit par un refus formel et méprisant, et les Allemands le récompensèrent de cet acte de loyauté en le condamnant à mort.

Ils étaient conséquents avec eux-mêmes.

L'espionnage et l'achat des consciences n'étaient-ils pas leurs principaux moyens militaires.

Enfin, sur les instances de certaines personnes... notables, la peine de mort fut commuée en celle des travaux forcés à perpétuité.

Emmené en Allemagne, M. Tharel y fut, pendant dix-huit mois, enfermé dans une forteresse et soumis au régime des galériens. Au bout de trois mois cependant, on s'était vanté d'adoucir sa peine ! Il avait l'autorisation d'écrire une fois par mois à sa malheureuse famille, sous l'œil de soldats insolents.

Vers la fin de sa captivité, un envoyé du gouvernement

français pénétra jusqu'à lui, et le pria de céder en blanc son étude, dans l'intérêt de ses affaires en souffrance, l'assurant qu'à son retour — s'il revenait jamais ! — on le dédommagerait de ce sacrifice en lui donnant une recette particulière.

M. Tharel fut touché de cette généreuse démarche ; mais il refusa de céder son étude, car il tenait trop à ses chers clients, à son titre honorable de notaire, et refusa la recette particulière, parce que, dit-il, n'ayant fait que son devoir, il n'avait droit à aucune récompense.

Il dit ces belles paroles :

« *Que mes concitoyens m'aiment, j'en suis fier, mais je ne veux que cela, car un service payé n'est plus un service rendu.* »

Enfin la guerre avait cessé, les prisons s'ouvrent, et M. Tharel revint chez lui, la santé ébranlée, le cœur non.

Et tandis que tant d'autres reprenaient vaniteusement leurs passementeries, il ouvrit modestement son cabinet et se remit à faire des actes.

Quels titres de noblesse valent les papiers bien humbles, que sa main de grand citoyen noircissait ainsi durant de longues heures de travail.

Il ne songeait plus qu'à se faire oublier ; mais le peuple n'oublie pas lui ; il l'avait pendant sa captivité même, nommé Conseiller général.

M. Tharel vit aujourd'hui modestement dans un petit coin des Ardennes. (30)

Amour des Alsaciens-Lorrains

POUR LA FRANCE.

Un de nos correspondants nous informait la semaine dernière (2 octobre 1872), qu'à Bischwiller, ville manufacturière, huit filatures ont été fermées, et que sur une population qui s'élevait en 1861, à *trois mille deux cent douze* âmes, *deux mille* au moins ont abandonné leurs demeures. Metz est réduit de *trente mille* habitants sur *cinquante-six mille huit cent quatre-vingt-huit* qu'elle possédait en 1862, soit une population de *vingt-six mille huit cent quatre-vingt-huit* habitants restants, et ce n'est pas le dernier nombre ; à l'exception de *cinq* que l'histoire cloue à son pilori : *Muntz, Schumbergers, Selouchs, Maupas, Klœkler,* tous les magistrats des provinces cédées, au nombre de *deux cents,* ont résigné leurs fonctions. A en juger par ces faits, et en établissant la même proportion pour l'ensemble des terrains cédés, nous devrions conclure que sur *un million cinq cent mille* Alsaciens-Lorrains à qui l'option a été offerte de devenir Allemands ou d'émigrer, un tiers environ a choisi l'émigration. Nous ne savons pas où nous pourrions trouver un autre exemple, d'une calamité aussi étendue et d'un aussi puissant attachement à la Patrie.

En même temps, le cas de l'Alsace-Lorraine semble fait pour démentir toutes les théories sur les instincts indestructibles de la race. « Il n'y a qu'un petit nombre de nos jeunes émigrants des wagons de 3me classe, nous écrit-on, qui connaissent parfaitement la langue française, » et cependant l'intensité de leur amour pour la

France et de leur haine pour leurs nouveaux maîtres, qui sont du même sang et qui parlent la même langue, semble presque en proportion de leur ignorance. Mais il ne faut pas oublier que leurs nouveaux maîtres allemands étaient leurs ennemis d'hier, et que leurs anciens maîtres français ont été, dans leur opinion, leurs bienfaiteurs depuis deux siècles . . . .

. . . .

Je le répète, si quelqu'un croit que les Alsaciens-Lorrains acceptent volontiers la nouvelle position qui leur est faite, qu'il vienne au milieu d'eux, et bientôt il pourra comprendre quels sont leurs sentiments réels. Les hommes, les femmes et les enfants montrent leur amour de la France, non seulement par des paroles et des larmes, mais aussi par tous les symboles extérieurs qui ne leur sont pas encore défendus. (31)

Les Enfants Alsaciens

PATRIOTES.

On lit dans le journal de Madame Kiéné, dont nous citerons l'acte patriotique, ce qui suit :

14 Juin 1871. — Le nombre des émigrants augmente chaque jour. Il n'est pas jusqu'aux enfants qui fuient le sol prussien.

Voici la liste de ceux qui sont partis aujourd'hui :

SCHŒTTEL, Jacques, né en novembre 1853. . 18 ans;
EHEL, Alfred, — janvier 1854. . 17 —
METZGER, Auguste, — août 1854. . 17 —

Klotz, Emile,	né en août	1854.	. 17 ans ;
Bonnet, Auguste,	— juin	1855.	. 16 —
Gross, Frédéric,	— octobre	1856.	. 15 —
Stoll, Albert,	— novembre	1857.	. 14 —
Steinet, Charles,	— mai	1859.	. 12 —
Georger, Ernest,	— décembre	1860.	. 11 —
Gasser, Georges,	— novembre	1862.	. 9 —
Frey, Jean,	— novembre	1862.	. 9 —

Nous leur avons donné un peu d'argent pour partir, — nous leur avons dit que peut-être ne devaient-ils pas abandonner leur famille *que bientôt on nous débarrasserait des Prussiens.*

Ils n'ont rien écouté. (32)

« Il veut être Français, l'enfant, c'est son idée.
Dans ce crâne carré la chose est décidée
Irrévocablement. Il verrait à ses pieds
Dieu le père, son fils et la Vierge elle-même,
Il leur répondrait : « Non ! c'est la France que j'aime,
Et j'ai toujours rêvé de suivre nos troupiers. »

Oui, l'Alsacien est né pour être soldat. Placé en sentinelle devant la France, c'est elle qu'il protége contre le barbare, c'est d'elle qu'il peut dire avec orgueil :

« C'est ma mère, je la défends. »

Les deux Lycéens Strasbourgeois

APOSTROPHANT UN TRAITRE A LA PATRIE

Les éléves *Ravé* et *Bolz,* du Lycée de Strasbourg, le

premier âgé de treize ans, le second de dix, ayant rencontré le baron E. de Klœkler, un des magistrats transfuges, l'ont traité — crime abominable aux yeux des Prussiens — de *c... vendu*. Le conseiller exigea des excuses. Le petit Ravé ayant répondu que plutôt que de demander pardon à un tel misérable, il irait lui brûler la cervelle. Ces deux enfants ont été expulsés par ordre supérieur. (33)

Ces jeunes victimes de la haine germanique, n'ont pas tardé à être vengés par un de leurs compatriotes, un poëte au vers vigoureux, Siebeker, et voici comment son fouet poétique flagelle les *audacieux vainqueurs* de l'Alsace et de la Lorraine :

Enfants vengés.

O vierge au cœur d'acier, implacable déesse,
Guerrière, qui jamais au succès ne cédas,
Némésis, fais rougir ma strophe vengeresse,
Souffle sur le brasier et marque les Judas.

Vous avez insulté nos admirables femmes,
Drôles, faquins, vendus, valets de Brandebourg.
Sur ces saintes, bavant quelques lignes infâmes,
Vous avez cru pouvoir éteindre leur amour
Pour la patrie aux fers... J'ai ramassé leur cause,
Lâches, j'ai fait tomber vos masques triomphants,
Et je vous ai frotté le nez dans votre prose,
Vous osez aujourd'hui *proscrire des enfants.*

O vierge, etc.

Ils sont là quelques-uns ! des magistrats en carte,
Courant au succès comme à la teigne les poux,
Jugeant à tant l'arrêt, jadis pour Bonaparte :
Des Muntz, des Sclumbergers, des Sclouchs ou des Maupas,
Eh bien ! en fouillant bien dans cette valetaille,
Brosseurs officieux du chapeau de Gessler, (34)
Pour cocarde, arborant le vil bouchon de paille,
Les plus immondes sont les barons de Klœkler

  O vierge, etc.

La nature a posé sur leur face servile
Le reflet de leur cœur. Par deux mots virulents,
On les a désignés dans la vaillante ville ;
On les nomme à Colmar les barons purulents.
Les crânes dénudés, les jambes en virgule,
Corps grêles, teints de suifs, produits adultérins
Des amours d'un furonche avec une scrofule,
En un mot, deux abcès fagottés en robin !

  O vierge, etc.

Or hier, Bolz et Ravé, l'un dix ans, l'autre treize,
Revenaient de la classe, en sautant, en sifflant
Quelque refrain français, un peu de marseillaise,
Ils rencontrent en route un baron purulent.
« Cochon vendu ! » dit l'un. — Il dit et puis il passe,
Oubliant à la fois son insulte et Klœkler...
Ah ! tudieu ! quel tapage aux dix coins de l'Alsace,
Mouchards, juges, préfets, recteurs tout est en l'air.

  O vierge, etc.

Sur deux pauvres moineaux lâchez toutes ces buses !
— On ne peut tolérer l'insulte aux magistrats !
Monsieur le conseiller exige des excuses !
— Moi, demander pardon à ce vilain Judas !

Plutôt, répond Ravé, lui brûler la cervelle !
Là-dessus brouhaha parmi les justiciers ;
Ce n'est plus un enfant, c'est fort bien un rebelle...
Et bref, un bon arrêt chasse les écoliers !

    O vierge, etc.

Voici bientôt un an, je traversais la rue,
Que forme un des côtés de la place Kléber,
Strasbourg était désert... on passait la revue
Et les tambours germains, résonnaient sourds dans l'air ;
Un groupe de gamins attendaient en silence
Quand l'armée ennemie arrivât devant eux,
Un grand cri retentit, le cri : « *Vive la France !* »
Et moi je regardai ce groupe valeureux.

    O vierge, etc.

C'étaient tous des enfants, tous les rangs, tous les âges,
Riches, pauvres, petits, grands, étaient là mêlés.
Une étrange pâleur flétrissait ces visages...
Alors je m'aperçus qu'ils étaient mutilés !
C'étaient les massacrés de monseigneur de Bade,
Le grand-duc du tripot, le brûleur de pignons,
Ils avaient tous voulus venir à la parade
Affirmer la patrie en montrant leurs moignons.

    O vierge, etc.

Tenez ! vous êtes sots, laissez-moi vous le dire,
Si vous espérez voir nos petits à genoux.
Les enfants vous font peur, vous, vous les faites rire,
Ah ! vous ne savez pas comme on hait chez nous !
Chassez les nourrissons... et c'est trop peu vraiment,
Arrachez les fœtus du ventre de leurs mères,
Ils sont conçus au cris de : « HAINE A L'ALLEMAND ! »

    O vierge, etc.

Le vieux boulanger de Saverne

MOURANT.

Un honorable habitant de Saverne, M. Keller, boulanger, âgé de soixante-douze ans, malade depuis quelques jours, et sentant sa fin approcher, s'écria au milieu de violentes douleurs : « *Mais je ne puis pas mourir comme allemand, je veux opter pour la France.* » On fit venir à grand'peine le directeur du cercle, en présence duquel le moribond déclara vouloir rester Français.

Une heure après il était mort, heureux d'avoir donné cette preuve d'attachement à notre chère France. (35)

Le nonagénaire lorrain

VOULANT MOURIR SUR LE SOL FRANÇAIS.

Le 30 septembre 1872, un vieillard lorrain s'est présenté au bureau de l'option, à Metz, et quand on lui a demandé son âge, il a répondu : « *quatre-vingt-douze ans;* » l'employé lui a fait alors l'observation qu'il serait bien plus heureux de rester tranquillement chez lui.

— *Non*, a-t-il répondu, *je suis né français et je veux mourir français.* (36)

De semblables traits se passent facilement de commentaires. Le cœur et les sentiments du lecteur y suppléent.

Une jeune fille de Forbach

DONNANT SES BIJOUX POUR LA LIBÉRATION DE LA FRANCE.

Vers adressés à la *Souscription du territoire,* par une jeune fille de Forbach qui envoyait en même temps ses bijoux d'enfant, *un brasselet, une broche et deux épingles d'or,* toutes les richesses de son écrin et toutes les illusions de son âme :

> L'évangile nous dit que la Foi, l'Espérance
> Ne peuvent nous sauver que par la Charité ;
> Vous avez appliqué ce précepte à la France,
> Et votre *appel à tous est par tous écouté.*
> Il soulève, il émeut notre terre asservie,
> Et dans un saint élan, femmes, enfants, vieillards,
> Redisant comme vous : « Donnez pour la patrie,
> C'est avec les gros sous que se font les milliards. » (37)

Un Français

REFUSANT LA CROIX DU MÉRITE DE PRUSSE.

M. Jules Varinet de Sedan, refuse dit une correspondance de Metz, la croix de l'ordre du Mérite civil, pour avoir sauvé, au péril de sa vie, un soldat bavarois qui se noyait dans la Meuse.

L'empereur Guillaume vient d'envoyer à notre brave compatriote (38) la croix du Mérite civil.

M. Varinet retourne immédiatement l'objet, avec une lettre conçue en ces termes :

« SIRE,

« J'ai rempli, en sauvant la vie de mon semblable, un devoir que je considère comme tout naturel. Je n'ai donc pas à accepter une Croix que je ne saurais porter. Si vous voulez me récompenser de l'action que j'ai faite en vous rendant un de vos soldats, en lui sauvant la vie, rendez la liberté au dernier français, prisonnier de guerre, que vous retenez en captivité (*). Homme pour homme : vous m'en devez un, je le réclame. »

Une Française

REFUSANT LA CROIX DE FER DE PRUSSE.

Nous lisons dans les *Femmes de France pendant la Guerre,* de MM. Paul et Henri de Trailles : « Madame Kiéné, que nous avons le bonheur de posséder à Paris, et que viennent saluer tous les blessés et prisonniers français de retour d'Allemagne, que nos ennemis eux-mêmes, poursuivent de leur reconnaissance.

On n'a pas oublié que l'impératrice Augusta lui fit remettre une distinction que l'on accorde rarement en Prusse : *la Croix de Fer.*

Madame Kiéné renvoya les insignes de cet ordre au chancelier prussien, en l'accompagnant d'une lettre humble et sanglante dans son laconisme.

(*) Le cuirassier Fuchs.

« Monsieur le Chancelier, (39)

« Je vous retourne la Croix que Sa Majesté l'impératrice Augusta a bien voulu me décerner.

« Il m'est impossible d'accepter une distinction d'une souveraine qui a fait envahir, brûler, saccager ma patrie et ma ville natale. (*)

« Si en soignant mes compatriotes j'ai pu faire quelque bien aux Allemands, c'est que devant la souffrance, je n'ai pas vu la différence des nationalités, et il me suffit de l'approbation de ma conscience de Française, qui n'a jamais compris la cruauté entre les vaincus, les malades, les femmes et les enfants.

« Veuillez donc remettre cette Croix à l'impératrice d'Allemagne : elle serait une injure pour une Alsacienne.

« Recevez, Monsieur le Chancelier, mes salutations empressées.

« Veuve KIÉNÉ. » (40)

Une jeune Strasbourgeoise

FÉLICITE Mme Ve KIÉNÉ D'AVOIR REFUSÉ LA CROIX DE FER DE PRUSSE.

« Bien chère amie,

« Je viens de lire dans le *Temps,* votre lettre à Augusta. Comme amie, et je suis tous les jours plus fière de compter parmi les vôtres, je vous envoie mes meilleurs baisers avec mes félicitations comme Alsacienne.

(*) Strasbourg.

« Il me sera bien difficile de dire combien je vous suis reconnaissante d'avoir rendu cette... croix à sa donatrice, et de lui avoir fait comprendre que le titre d'Alsacienne oblige, et que cette décoration serait une injure.

« Ma lettre ne sera probablement pas la dernière que vous recevrez de Strasbourg.

« Nous sommes très-fières de notre compatriote ; les oreilles doivent joliment vous tinter, votre nom est dans toutes les bouches.

« Toute ma famille et tous les amis me chargent de leurs sincères félicitations.

« Vous saurez dans quelque temps que nous travaillons toujours pour notre chère France, que votre Strasbourg est toujours bien français.

« Votre toute dévouée,

« MARIE X... » (41)

La petite Marchande de tabac

DE STRASBOURG.

Celle dont nous venons de transcrire la lettre touchante à Madame Kiéné, dont chaque mot respire l'amour de la patrie, est une enfant que tous les prisonniers de notre malheureuse armée, qui ont passé par Strasbourg, pour se rendre en Allemagne, ont vue et n'ont pas oubliée, une enfant de vingt ans, avec de jolis cheveux blonds, un front rêveur et de grands yeux bleus, — qui s'en allait, à l'arrivée de chaque convoi de prisonniers, courant d'un wagon à un autre, et présentant aux voyageurs attristés une corbeille pleine de cigares qu'elle tenait à la main en disant : « *Voilà la petite marchande de tabac ; prenez mes cigares, prenez mes enfants, cela ne coûte pas cher, on les donne pour rien.* »

Et nos malheureux soldats humaient à pleins poumons le tabac qui leur était si gracieusement offert, en s'écriant avec reconnaissance et admiration :

VIVE LES ALSACIENNES !

Une victime de son patriotisme,

Mlle ADÈLE RITTON.

Mademoiselle Adèle Ritton fut tuée à la gare de Strasbourg, en secourant les soldats français prisonniers et blessés.

Un brave sous-officier d'artillerie, les yeux gros de larmes, en jetant le ruban tricolore dans la fosse commune, murmura :

Adieu Française ! au nom de l'Armée !...

Un sergent-major du 44me régiment d'infanterie de ligne, prononça ensuite le discours suivant :

« Messieurs,

« Au bout d'une longue et triste captivité, nous rentrions, la joie au cœur, bien heureux de revoir la France, notre chère patrie, lorsque le récit d'un bien triste accident nous a profondément émus.

« Nous avons donc résolu de retarder notre départ, afin que l'armée française, la France, fussent représentées au bord de la tombe de celle qui a sacrifié sa vie, pour secourir les prisonniers français.

« Je viens ici prendre la parole au nom de mes camarades, et dire un dernier adieu à celle qui a été victime de son dévouement à la Patrie. Je n'ai pas la prétention de vous faire un discours; non, mes amis, c'est un soldat qui parle au nom de l'Armée, au nom de la France, et qui vient simplement s'unir à vous pour pleurer, — au bord de cette tombe — celle qui a été si fatalement enlevée à sa famille, à ses amis.

« En accomplissant ce devoir, nous venons vous prouver que l'accueil qui nous a été fait à Strasbourg, nous a profondément touchés.

« Croyez-le, mes amis, quoique le drapeau français ne flotte plus sur cette ville, nous savons tous ce que vous avez fait pour éviter ce malheur ; nous savons combien de braves habitants, combien de braves soldats ont été ici victimes de leur dévouement à la Patrie.

« Après une longue captivité nous avons éprouvé une bien grande joie en serrant les mains de véritables Français. Si vous saviez, amis, combien nous avons été touchés pour l'armée française, pour notre pauvre France !

« Oui, mes amis, vive la France ! vive notre chère patrie ! elle peut être abattue, mais elle se relèvera ; croyez-le, vivez dans cette douce espérance, et dites-vous qu'il y a encore des cœurs français dont le sang appartient à la Patrie, et qui seront toujours prêts à la servir.

« Adieu donc, mademoiselle Ritton, ange de bonté, toi si belle et si bonne !

« Au revoir, dames et demoiselles de Strasbourg ! vous dont le dévouement a été si grand pour les blessés

et prisonniers français ! Au revoir ! Strasbourgeois, songez
que c'est l'espérance qui fait vivre, et que tant que vos
petits enfants crieront : « *Vive la France !* » nous pourrons toujours espérer et compter sur l'avenir. » (42)

Les Dames de Strasbourg

A M. LE PRÉSIDENT DE LA RÉPUBLIQUE (*)

Au moment où va se clore, en présence de cette grande
victoire financière de l'emprunt français, la souscription
nationale, veuillez nous permettre d'y joindre encore un
don de la part de Strasbourg, en formulant le vœu que
les sommes recueillies par *les Femmes de France* fassent
partie du prochain demi-milliard payé à la Prusse pour
la libération du sol français.

C'est l'Alsace qui avait pris l'initiative des dons publics
à la Patrie en détresse, en offrant des étrennes à la
France.

Les *soixante-six mille francs* que nous vous prions
d'accepter aujourd'hui, sont un complément des *dix-
huit mille francs* que Strasbourg vous adressait au mois
de janvier 1871. La première victime des malheurs de la
Patrie tenait à être la première à l'heure du sacrifice.

Après l'arrachement politique, tout extérieur, de
l'Alsace à la France, le moment des déchirements inti-
mes est venu : ceux qui restent sont des exilés sur place,
et le sol semble manquer sous les pieds de ceux qui doivent partir.

Courbés sous un tel poids de douleur, nous levons

(*) M. Thiers.

encore les yeux sur notre France, et pour oublier un moment nos amertumes, nous lui envoyons ce faible gage de l'indestructible fidélité que nous lui avons vouée. (43)

Patriotisme des Femmes

DE FRANCE.

Voici ce qu'écrivait M. Paul Dalloz, en ouvrant les colonnes du *Moniteur Universel,* à la souscription des *Femmes de France :*

« La France a été délivrée de l'étranger, par le concours de trente millions de Françaises et de Français, de femmes et d'enfants, de vieillards et d'hommes faits qui, chaque jour, ont donné à la patrie, pour la racheter de l'étranger, l'épargne de leur labeur ou de leur superflu, de leur bien-être. » (44)

Une Vengeance patriotique

La France est généreuse envers un ennemi,
Mais quand elle hait bien, ce n'est pas à demi. (*)

Une dame de Strasbourg logeait chez elle deux officiers prussiens. Ces messieurs se plaignirent, comme des maîtres se plaignent, de n'avoir pas accès dans le salon

(*) Cris du cœur: Némésis, par un paysan champenois, 1873.

de cette dame, et insistèrent pour être engagés à ses réunions d'amis.

Le lendemain ils reçoivent une invitation. Ils arrivent à huit heures. Le salon était assez obscur, et à la lueur de la lampe unique qui l'éclairait, ils entrevirent dix femmes vêtues de noir et assises au fond de l'appartement.

La maîtresse de la maison, les voyant entrer, vint à eux, les amène à la première de ces dames et la leur présentant : « *Ma fille qui a eu son mari tué pendant le siège.* » Les deux Prussiens pâlissent. Elle les amène à la seconde dame : « *Ma sœur qui a perdu son fils à Frœschwiller.* » Les prussiens se troublent, elle les amène à la troisième : « *Madame Spindler dont le fils a été fusillé comme franc-tireur.* » Les deux Prussiens tressaillent. Elle les amène à la quatrième : « *Madame Coulmann qui....* » Mais les Prussiens n'ont pas la force de la laisser achever, et balbutiant, éperdus, ils se retirent précipitamment, comme s'ils avaient senti tous ces crêpes de deuil tomber sur leur tête. On eût dit Mathan s'enfuyant sous l'anathème de Joad.

Connaissez-vous une plus terrible et plus patriotique vengeance ? (45)

Une Patriote française

EN PRUSSE.

C'était à Berlin, il n'y a pas deux mois (novembre 1872) chez une française qui s'est mariée en Prusse, il y a quinze ans (1858). Elle est devenue de fait baronne prussienne, mais elle est restée Française de cœur, et bonne Française. Comme elle tient en Allemagne un grand état de maison, elle avait réuni autour de sa table une vingtaine de Prussiens.

On vint à parler de Paris, et il faut voir avec quelle pitié, pour ne pas dire quel mépris :

— *Pauvre Paris ! il n'y a plus de Paris ! avant dix ans Berlin sera la capitale de l'Europe, etc., etc.*

En entendant cela, la baronne bouillait ; enfin, n'y tenant plus.

— *Et moi,* dit-elle, *je vous dit que Paris, malgré tout, est encore Paris, et que surtout Berlin ne sera jamais Paris, ne sera jamais à côté, qu'un grand village fort laid* . . . .

On riposte, elle insiste :

— *Enfin,* s'écrie-t-elle rouge de colère, *je vous propose une gageure qui videra le différent. Donnez-moi, n'importe quel objet, le plus absurde, le plus bête, le plus vulgaire, et je parie que de cet objet Paris saura faire quelque chose que Berlin n'oserait même pas tenter.*

La gageure est acceptée. Le lendemain, la baronne recevait dans une boîte... un cheveu blanc ! Qu'est-ce qu'on pourrait bien faire, même à Paris, d'un cheveu blanc ? Pourtant elle n'en veut pas avoir le démenti, et, après avoir eu soin d'expliquer dans une lettre les condition   la gageure, elle envoie le cheveu blanc à Paris.

Or, savez-vous comment, ces jours derniers il en revint ? Ce cheveu, Paris l'avait gentiment enfermé dans une petite rigole d'or qui traversait un médaillon entouré de brillants. En haut du médaillon, l'aigle prussienne en émail noir, les ailes tendues, tenant le cheveu blanc dans ses serres. Puis, suspendu au cheveu, un petit écusson en émail blanc portant cette inscription :

« *Alsace et Lorraine, vous ne les tenez que par un cheveu.* »

On ne dit pas que les Prussiens aient offert à la baronne un second pari. (46)

La jeune Mère, sa Fille

ET UN GÉNÉRAL PRUSSIEN.

Une jeune mère habitant Belfort, *la cité courageuse,* avait l'habitude de conduire, chaque matin, sa petite fille, âgée de sept ans, à son école, et d'aller l'y chercher le soir. L'école était située dans une rue habitée par un général prussien, dont les fenêtres du rez-de-chaussée donnaient sur cette même rue.

Un soir, le général interpella la jeune mère, en lui disant :

— *Madame, je suis veuf depuis mon arrivée en France, et l'on m'a envoyé ici ma petite fille; elle est privée de la société d'enfants de son âge, et je crains bien que la nostalgie ne cause sa mort; souffrez donc, madame, que la vôtre joue avec elle.*

— *Monsieur le général,* répondit la jeune femme, *je ne puis acquiescer à votre demande, je suis Française.*

— *Eh bien! madame, ce n'est plus à une Française que je m'adresse, mais à une mère,* dit l'officier, *en lui jetant un regard presque suppliant.*

Touchée, malgré elle, de la douleur contenue de ce père tremblant pour son enfant, la jeune mère répondit :

— *Adressez votre demande à ma fille, et sa réponse sera la mienne.*

Alors le général dit à l'enfant :

— *Mademoiselle, consentez-vous à venir jouer avec ma Lisbeth? Elle a de belles poupées de Nuremberg, et, quoique Prussienne, elle parle déjà pas mal le français.*

— *Je ne veux pas,* dit l'enfant avec une fermeté au-dessus de son âge.

Il se fit un silence glacial, et le général en refermant la fenêtre grommela entre ses dents :

— *Oh! ce peuple là se relèvera par ses enfants.* (47)

Un Préfet patriote

EXPOSANT SA VIE POUR ENTRER DANS STRASBOURG.

Lyon, le 2 octobre 1871.

« Parti de Paris le 5 septembre 1870, au soir, avec la résolution bien déterminée d'arriver au poste que m'avait assigné le gouvernement de la *Défense nationale,* je suis entré le 8 octobre au soir dans les lignes prussiennes, à Barr, après diverses courses dans le Haut-Rhin, destinées à donner le change aux espions prussiens mis à mes trousses. Trouvant les avant-postes impossibles à franchir de ce côté, je me portai sur le canal du Rhône au Rhin, où le 9, à dix heures du soir, je fus arrêté par une reconnaissance prussienne ; retenu prisonnier pendant quinze heures, et relâché, grâce à un passe-port américain dont j'étais muni, et à ma connaissance parfaite de la langue anglaise, aux moyens desquels je réussis à déjouer la vigilance de l'état-major allemand, à Benifled, où l'on m'avait transféré.

« Escorté jusqu'à Lahr *(rive droite du Rhin),* je me rendis, dès que je fus débarrassé de mes surveillants, dans les environs d'Achern, d'où je gagnai les bois qui longent le Rhin à la hauteur de Marlen, en face de la citadelle de Strasbourg.

« J'étais arrivé sur le bras principal du fleuve et m'apprêtais à le traverser à la nage, quand une patrouille, envoyée sur mes traces du village de Marlen, s'empara de moi de nouveau, et me conduisit au quartier général de Kehl, établi à l'hôtel de la Poste, où je suis bien connu du propriétaire et des gens de la maison, y ayant fait de longs et fréquents séjours à l'époque où l'entrée de la France m'était fermée.

« Fort heureusement, l'élément militaire avait tout envahi ; aucune des personnes de la maison ne se trouva présente, et grâce à mon passe-port et à l'assurance avec laquelle je soutins ma nationalité de *Yankée,* je fus encore une fois mis en liberté, mais avec adjonction péremptoire, inscrite sur le passe-port, de sortir dans les douze heures du rayon d'opérations des armées allemandes.

« Ce passe-port me devenait désormais inutile, et ayant échoué sur trois des quatre points cardinaux, je revins à mon projet primitif de prendre le taureau par les cornes, et de percer la ligne d'investissement sur le front d'attaque, même au nord de la ville.

« A cet effet, je descends le Rhin jusqu'à la hauteur

de Maximilianau et me rendis à Wissembourg par Landeau. Je trouvai quelques patriotes dévoués, dont je fus reconnu par hasard, avec leur concours, et accompagné par l'un d'eux et par une vaillante dame alsacienne, fille d'un des plus vieux et dévoués républicains de Strasbourg, je pénétrai jusqu'au quartier général même du général Verder, et passai deux jours entiers dans la maison où il prenait ses repas, l'entendant, à diverses heures du jour et de la nuit, s'enquérir brutalement s'il n'avait pas été observé d'étrangers dans la localité.

« Le 19 septembre au soir, guidé par les renseignements recueillis dans l'intervalle, je me dirigeai sur Schiltigheim, et averti, par la lueur des pipes et des cigares, que la tranchée reliant les deux batteries placées à gauche et à droite de *la petite route,* et derrière laquelle je me tenais embusqué depuis la chute du jour, se trouvait momentanément dégarnie, les soldats se rapprochant des batteries pour recevoir une ration de café, je franchis cette tranchée d'un bond, et je me jetai à plat ventre dans les champs de pommes de terre et de maïs qui se trouvaient en avant. Au bout de quelques minutes, je commençai mon voyage à quatre pattes dans la direction du glacis de la place ; mais bientôt le mouvement des tiges dans les champs trahit ma présence, et des batteries comme de la parallèle, s'ouvrit un feu d'artillerie et de mousqueterie qui m'accompagnait jusque sur les bords de l'Aar, où j'arrivai au bout de trois quarts d'heure de cheminement pénible, les boulets, balles et obus continuaient à pleuvoir autour de moi.

« Après un intervalle de repos, je me jetai à la nage dans l'Aar, en avant de la lunette 57 ; mais arrivé à la rive opposée, je m'embarrassai dans les roseaux qui la bordent, et je me vis obligé de rebrousser chemin et de revenir au point de départ. Un peu plus haut, je parvins à distinguer un endroit dégagé, et, me remettant à la nage, je réussis à aborder et à gagner la place d'Armes du chemin couvert, que je trouvai abandonnée, labourée par les bombes, dans les cratéres en entonnoirs desquels je tombai à plusieurs reprises, et d'où je me retirai à grand'peine, épuisé comme je l'étais.

« Arrivé au bord du fossé inondé qui couvre la lunette 57, je passai une bonne demi-heure à hêler la sentinelle et les postes établis à l'extérieur, mais en vain, rien ne parut. Le froid me gagnait, mes dents claquaient, et entre la perspective d'une pleurésie et de quelques balles de plus à affronter, — françaises il est vrai, — il n'y eut plus à hésiter. Je me rejetai à la nage en face du saillant droit de la lunette, arrivé à l'autre bord, je m'élevai péniblement jusqu'à la base du parapet, et, gagnant le sommet, je me redressai soudain de toute ma hauteur en criant : « *France! France!* » Une demi-douzaine de coups de fusils partirent au même moment sans m'atteindre ; un vieux zouave me couchait en joue à bout portant, quand le caporal Fouchard du 78me de ligne lui abattit son arme en disant : « *Ne tirez plus, vous voyez bien qu'il est seul.* »

« Je me laissai faire prisonnier, et je demandai à être conduit au général Ulrich, pour lequel j'avais un message. L'heure avancée ne permettant pas de m'introduire dans la ville, je fus enfermé dans un des pavillons du jardin Lips, dont on débusqua à cet effet quelques officiers. Grâce à leurs matelas et à un bon lit de plumes qu'ils me cédérent, je parvins rapidement à me réchauffer et à m'endormir, malgré les obus qui s'abattaient tout autour de moi, ébréchant les arbres du *Contades,* avec un bruit épouvantable.

« Le lendemain, à six heures du matin, je me fis conduire au général Ulrich et tirai de ma manche, où il était
cousu, le décret qui me nommait préfet du Bas-Rhin.
Le général, déjà prévenu d'ailleurs, me fit un excellent
accueil.

« Edm. Valentin. » (48)

Un malade Alsacien

VOULANT MOURIR SUR LE SOL SACRÉ DE LA FRANCE.

Un Alsacien de nos environs, père de quatre enfants,
était malade depuis un mois, le médecin lui avait donné
l'espoir qu'il serait guéri avant le 1er octobre 1872. (*)

Malheureusement, sa maladie ne fit qu'empirer, et,
de jour en jour ; il se lamentait, car il était résolu à ne
pas être Prussien, et à ne pas être contraint de le devenir, en demeurant sur le sol natal, au-delà de l'instant
où ce sol devenu prussien, le rendît forcément sujet de
l'empereur Guillaume.

Hier matin, (1er octobre 1872) donc, il voulait à tout
prix partir, lui et les siens ; mais le médecin venait de
déclarer à sa famille qu'il n'avait plus que cinq ou six
heures à vivre.

Force fut de révéler au moribond que sa situation ne
permettrait pas l'accomplissement de son désir.

— *Mourir sur la terre étrangère,* s'écrie-t-il, *jamais!
Je veux être mis en terre française et non en terre
prussienne.*

(*) Fin de l'option.

Et faisant un suprême effort, il se leva et se fit conduire à la station du chemin de fer qui devait le transporter à Belfort, en moins de trois heures.

Une fois installé dans le wagon, il s'affaissa. Mais à chaque station, il sortait de l'état léthargique dans lequel il était plongé et il s'écriait : « *Est-ce là ?* »

Puis le train reprenant sa marche, il retombait plus affaissé encore que précédemment, et l'agonie arrivait.

Enfin le train atteint Belfort.

Le moribond se redresse ; on le traîne sur le trottoir de la gare. « *Vive la France !* » s'écrie-t-il, en apprenant qu'il est sur le sol national, et il expire dans les bras de sa femme et de ses enfants, sur le trottoir même.

On comprend l'émotion, la douleur des pauvres gens qui entouraient l'infortuné. Les soldats allemands, au contraire, en face de ce cadavre, affectaient de se réjouir et riaient aux éclats.

Hier, 1er octobre 1872, la population de Belfort lui a fait des funérailles vraiment françaises, le digne maire, M. Mény, conduisait le deuil.

Cet homme, dont on n'a pu me dire le nom, laisse une femme et trois enfants sans ressources. Une souscription est ouverte à la gare ; on a recueilli quatre cents francs le premier jour. (49)

Le petit Tambour de Nancy.

Une anecdote sur l'évacuation de Nancy.

Le général de Manteuffel a toujours recherché assez volontiers à se mêler à la population.

La veille de l'évacuation, il se promenait seul à la Pé-
piniére, qui est la promenade la plus fréquentée de la
ville.

Un enfant de dix à douze ans, tout fier d'un tambour
que ses parents venaient de lui acheter, sans doute, en
l'honneur de la libération, et peut-être bien aussi la jalousie d'un groupe de gamins de son âge.

Le général de Manteuffel, sans doute de joyeuse
humeur par l'idée du départ de France, s'approche des
futurs soldats :

— *Peste, mon ami,* dit-il, *vous avez là un joli tambour.*

L'enfant qui a reconnu le général ennemi, n'a 'garde
de répondre.

— *Voudriez-vous me montrer votre talent, me jouer
une marche ?*

— *Non monsieur,* répartit le gamin, *pas une marche,
la retraite si vous voulez.* (50)

L'enfant parisien.

Une mére de famille accompagnée de son mari et de
deux jeunes enfants, dont l'aîné âgé de deux ans à peine
et l'autre de quelques mois — ce dernier était né pendant le siége, — quittaient, comme tant d'autres, la capitale pour se rendre dans une petite ville du Nord, Le
Quesnoy où réside les parents du mari. Dans le wagon
de nos voyageurs parisiens se trouvaient avec les Français, plusieurs soldats prussiens et un de leurs officiers.

Ce dernier, placé à côté de la jeune famille, pensant peut-être lui-même, en regardant le petit parisien éveillé, à l'enfant qu'il a laissé, en partant pour la guerre auprès de son épouse, mu par un sentiment de bonté toute paternelle, offre au jeune enfant de Paris un gros morceau de sucre. L'enfant refuse la friandise. L'officier insiste de nouveau et demande à l'enfant de l'embrasser; celui-ci bégaie énergiquement un « *non, je veux pas, moi, c......, prussien.* »

Pour calmer l'enfant irrité, une dame française le prend sur ses genoux ; lui remet le morceau de sucre qu'il prend, et l'embrasse affectueusement à la grande satisfaction des Français qui se trouvaient dans le wagon, et cela en silence et à la confusion de l'officier de Guillaume. (51)

Exortation patriotique

D'UN GRAND RABBIN.

M. Lévy était, avant la guerre, grand rabbin à Colmar ; la paix entraînant avec la perte de l'Alsace, celle de ses fonctions, s'il persistait à vouloir opter pour la France, refusa les offres les plus brillants du gouvernement allemand, et par là même renonça à tous les avantages honorifiques et pécuniers de son ancienne position plutôt que de quitter sa patrie.

Il fut nommé par le gouvernement français au poste de grand rabbin de Vesoul. En cette qualité, il présidait à l'inauguration de la nouvelle synagogue de Remiremont, le 16 septembre 1873, voici les paroles patriotiques qu'il adressa à ses auditeurs :

. . . .

. . . .

« Oh ! comme vous devez être heureux d'inaugurer ce Temple, le jour où la France cesse d'être foulée par un insolent vainqueur ! Vous prierez pour notre chère patrie, vous demanderez à Dieu qu'elle redevienne forte, l'initiative du progrès, et qu'elle soit toujours la tête de la civilisation. Vous n'oublierez pas non plus, — dit-il en terminant avec des larmes dans la voix — dans vos prières, ces deux malheureuses provinces que l'ennemi nous a enlevées ; vous prierez pour les parents arrachés à leurs parents ; les frères à leurs frères ; demandez à Dieu qu'ils ne cessent d'espérer, et peut-être un jour viendra où notre espoir ne sera pas déçu. (52)

LES TROIS ÉPITRES

Lettre de l'évêque d'Angers

AU ROI DE PRUSSE.

« Sire,

» Au moment où l'Assemblée nationale va délibérer à Bordeaux sur les conditions de la paix, permettez à un évêque français, enfant de l'Alsace, d'élever la voix pour plaider auprès de Votre Majesté la cause de la Patrie. Je céde à un besoin du cœur, comme je remplis un devoir de conscience en faisant une démarche à laquelle je me sens autorisé par mon origine et par mon caractère.

» *La guerre a été favorable à vos armes;* vous avez eu, Sire la plus haute fortune militaire qui puisse échoir à un souverain, celle de vaincre les armées de la France. Ne soyez point surpris d'entendre dire à un ministre de l'Evangile qu'il vous reste à vous vaincre vous-même. Autant le succés peut flatter une âme guerriére, autant la modération après la victoire a de quoi séduire un cœur généreux. L'Ecriture sainte l'a dit :

« *Celui qui sait se dominer est supérieur à celui qui prend des villes.* (*) »

*) Proverbes XVI, 32.

» Dans la vie des peuples, d'ailleurs, la guerre ne saurait être qu'un accident, c'est à leur procurer les bienfaits d'une paix durable que doivent tendre les efforts de ceux qui les gouvernent.

» Il semble résulter de divers documents que la cession de l'Alsace serait l'une des conditions proposées pour la paix future. Si telle était votre pensée, Sire, je supplierais Votre Majesté de renoncer à un projet non moins funeste à l'Allemagne qu'à la France. Croyez-en un Evêque qui vous le dit devant Dieu et la main sur sa conscience.

« *L'Alsace ne vous appartiendra jamais. Vous pourrez chercher à la réduire sous le joug; vous ne la dompterez pas.* »

» Ne vous laissez pas induire en erreur par ceux qui voudraient faire naître dans votre esprit une pareille illusion : j'ai passé en Alsace *vingt-cinq années* de ma vie ; je suis resté depuis lors en communauté d'idées et de sentiments avec tous ses enfants ; je n'en connais pas un qui consente à cesser d'être Français. Catholiques ou protestants, tous ont sucé avec le lait de leurs mères l'amour de la France ; et cet amour a été, comme il demeurera, l'une des passions de leur vie. Pasteur d'un diocèse où, certes, le patriotisme est ardent, je n'y ai pas trouvé, je puis le dire à Votre Majesté, un attachement à la nationalité française plus vif ni plus profond que dans ma province natale. Le même esprit vivra, soyez-en sûr, dans la génération qui s'élève comme dans celles qui suivront : rien ne pourra y faire, les séductions pas plus que les menaces. Car, pour s'en dépouiller il leur faudrait oublier, avec leurs devoirs et leurs intérêts, la mémoire et jusqu'au nom de leurs pères, qui, pendant deux cents ans ont vécu, combattu, triomphé et souffert à côté des fils de la France ; et ces choses-là ne s'oublient point : elles sont sacrées comme la pierre du temple et la tombe de l'ancêtre. Les épreuves de l'heure présente ne feront que resserrer les liens scellés une fois de plus par des sacrifices réciproques.

» L'union de l'Alsace avec la France n'est pas, en effet, l'une de ces alliances factices ou purement conventionnelle, qui peuvent se rompre avec le temps et par le hasard des événements ; il y a entre l'une et l'autre identité complète de tendances, d'aspirations nationales, d'esprit civil et politique. Que la langue allemande se soit conservée dans une partie du peuple, peu importe, si depuis deux siècles cette langue ne sait plus exprimer que des sentiments français. Le breton du Finistère est-il anglais parce que son langage ressemble à celui des pays de Galles et de Cornouailles ? Les descendants de Guillaume Tell cessent-ils d'être Suisses, parce qu'ils ont gardé l'idiôme de leurs vainqueurs d'autrefois ? Votre Majesté connaît trop l'histoire pour s'arrêter à un fait dont on abuse étrangement, à savoir, que l'Alsace a été incorporée pendant des siècles à l'empire d'Allemagne ; car personne ne devrait ignorer que la priorité historique est en faveur de la domination française, et que, sous la première dynastie de nos rois, du VIe au Xe siècle, l'Alsace n'avait jamais cessé de faire partie du royaume des Francs. Mais qu'importent encore une fois des questions qui appartiennent désormais au domaine de la linguistique et de l'archéologie ?

» Les Alsaciens, et c'est le point capital, sont Français de cœur et d'âme, et quoique l'on puisse faire dans l'avenir, les petits fils des Kléber, des Kellermann et des Lefebvre n'oublieront jamais le sang qui coule dans leurs veines. Et dès lors, Sire, j'ose demander à Votre Majesté de quel profit pourrait être pour l'Allemagne la position d'une province sans cesse attirée vers la mère-patrie par ses souvenirs, par ses affections, par ses espérances et ses vœux ? Ne serait-ce pas là une cause d'affaiblissement plutôt qu'un élément de force ? Un sujet permanent de troubles et d'inquiétudes, au lieu d'une garantie de paix et de tranquillité ?

» Et la France, Sire, la France qui peut être vaincue, mais non anéantie, acceptera-t-elle dans l'avenir une situation qu'on la forcerait de subir aujourd'hui ? Pour elle céder l'Alsace, équivaut au sacrifice d'une mère à laquelle on arrache l'enfant qui ne veut pas se séparer d'elle. Ce sacrifice, l'Assemblée nationale le fera ou ne le fera pas ; elle-même est souveraine, et je m'incline d'avance. Mais ce qu'elle ne pourra pas faire, malgré son bon vouloir et sa sincérité, c'est de détruire dans l'âme des Alsaciens leur attachement à la mère-patrie ; ce qu'elle ne fera jamais, c'est de fermer une plaie qui restera saignante au cœur de la France. Votre Majesté a trop de pénétration d'esprit pour ne pas voir, avec toute l'Europe, qu'un pareil démembrement ouvrirait la voie à des revendications perpétuelles. Au lieu d'opérer un rapprochement qui est dans les vœux de tous, on ne ferait qu'allumer entre deux grands peuples des haines irréconciliables. Il est impossible de se le dissimuler, une si grave atteinte portée à l'intégrité du territoire français, laisserait dans les cœurs des ferments de colère qui éclateraient tôt ou tard et ramèneraient la guerre avec toutes ses horreurs. Quelle triste perspective pour les deux pays ! Serions-nous donc condamnés à revoir des guerres de trente ans, à une époque où les progrès de civilisation et la multiplicité des relations industrielles et commerciales semblaient avoir rendu impossible à ja-

mais le retour de ces luttes fratricides? Et qui donc voudrait assumer devant Dieu et devant les hommes la
responsabilité d'un pareil avenir.

» L'Histoire enseigne que les paix durables sont celles
qui profitent au vainqueur sans exaspérer le vaincu. Si
Votre Majesté ne cède pas à l'idée de vouloir séparer de
la France une province qui ne veut être allemande à
aucun prix, elle peut assurer la paix pour longtemps.
Car, dans ce cas, nous n'hésitons pas à le dire, il n'y
aurait aucun motif pour la France de reprendre les
armes: son passé lui permet d'avouer sans honte qu'elle
a été surprise; et ce qu'elle a pu faire depuis quatre
mois, au milieu d'une désorganisation sans pareille,
montre assez de quoi elle serait capable avec une
meilleure direction de ses forces. Mais, Votre Majesté
l'avouera sans peine, la raison et l'intérêt commandent
de ne pas infliger à l'amour-propre national des blessures
incurables. Ce sera notre devoir, à nous, ministres de
l'Evangile, d'apaiser des ressentiments qui n'auraient
plus de raison d'être ; mais en exigeant que la France se
mutile de ses propres mains, vous nous rendrez, Sire, la
tâche impossible. Tous nos efforts échoueraient contre
le poids d'une humiliation intolérable, lors même que la
foi et le patriotisme ne nous feraient pas une *obligation
de conseiller au pays la mort plutôt que le déshon-
neur*. (*)

» Sire, les événements vous ont fait une situation telle,
qu'un mot de votre part peut décider pour l'avenir la
question de la paix ou de la guerre en Europe.

» Ce mot, je le demande à Votre Majesté, comme Alsa-

(*) L'évêque d'Angers, non plus, ne voulait pas céder l'Alsace et la
Lorraine ; il conseillait plutôt la mort.

cien, pour mes compatriotes qui tiennent à la patrie française par le fond de leur cœur. Je vous le demande pour la France et pour l'Allemagne également lasses de s'entre-tuer sans profit, ni pour l'une ni pour l'autre. J'ose enfin vous les demander au *nom de Dieu dont la volonté ne saurait être que les nations faites pour s'entr'aider dans l'accomplissement de leurs destinées, se poursuivent de leur haine réciproque et s'épuisent dans des luttes sanglantes.*

» Or, laissez-moi en terminant, le répéter avec tout homme qui sait réfléchir : *La France laissée intacte, c'est la paix assurée pour de longues années; la France mutilée c'est la guerre dans l'avenir, quoique l'on dise, quoique l'on fasse.* Entre ces deux alternatives, Votre Majesté, justement préoccupée des intérêts de l'Allemagne, ne saurait hésiter un instant.

» C'est dans cet espoir que j'ai l'honneur d'être, Sire,

> » de Votre Majesté,

> » Le tres-humble serviteur,

> » ✠ Charles-Emile FREPPEL,

> » *Evêque d'Angers.*

» Angers, 12 Février 1871. » (53).

Epître à S. M. Guillaume, roi de Prusse

NOVEMBRE 1870.

« César,

» Sur le trône où, depuis déjà quelques temps, le seul droit de votre naissance vous a placé, vous montrez aujourd'hui à tout l'univers, n'avoir jamais cessé de concevoir les plus cruels projets d'envahissements et de conquêtes.

» Vous prouvez à l'humanité, touchée, émue jusqu'aux larmes, n'avoir jamais su craindre de votre ambition, agrandir vos Etats, châtier les provinces voisines, et vous assurer vos continuelles convoitises.

» Une des plus faibles contrée de l'Europe, le Danemark, gémit encore du résultat de votre audace ignominieuse et démesurée, combinée avec celle de l'Autriche, pour ensemble la subjuguer. Celle-ci saigne encore des plaies profondes que naguère vous lui avez ouvertes pour avoir à vous seul toute la part du lion. Sadowa fume encore des ruisseaux de sang que vous avez fait couler.

» Toutes les provinces allemandes, que par la violence vous vous êtes annexées, subissent déjà, ô roi barbare, le joug de votre tyrannie, comme forcées de marcher avec vos hordes d'esclaves, pour combattre et anéantir un peuple voisin, un peuple aussi qui leur donnait asile et assistance et avec lequel elle se trouvaient heureuses de vivre en paix et en véritables frères.

» Non, César (*), la France bien moins que la Russie, depuis de longues années déjà, n'aimait, ne voulait plus la guerre, ni de ces luttes terribles qui font maudire et perdre les rois qui en sont l'auteur comme elles ruinent et massacrent les nations qui en sont les innocentes victimes.

» En ces derniers temps tous les cœurs vraiment humains par toute la France, demandaient, à grands cris, le désarmement général pour la tranquillité, le bonheur et la sécurité de tous les peuples.

(*) De cœsum, tueur.

» Et vous, César, par votre orgueil à dominer tout l'univers, vos desseins cachés pour détruire l'équilibre européen, sans relâche vous avez vigoureusement poussé vos armements formidable jusque sur nos frontières, pour rester ainsi comme une menace permanente, suspendue sur nos têtes, afin d'arriver au jour le plus prochain, le plus propice à subitement nous envahir.

» Par votre politique tortueuse et votre silence obstiné, vous avez refusé de faire droit à de trop légitimes explications que nous devions vous réclamer sur ce point, et vous nous avez ainsi contraints à vous en demander compte par une démonstration de guerre.

» Mais le souverain qui devait veiller à notre sécurité (*) nous a trahi, trompés par ses faiblesses, son audace et son incapacité ; la nation entière qui n'a jamais voulu et ne cherche encore que son indépendance, comme celle de toutes les autres, mériterait-elle jamais le sort cruel que vous voudriez lui infliger ?

» Souvenez-vous, César, de la conduite de la France en ces derniers temps.

» La Belgique lui doit son indépendance, sa pleine et entière liberté ; l'Italie, la réunion des contrées qui la composent aujourd'hui ; l'Autriche, le prix de sa délivrance aux jours néfastes où vous l'avez battue.

» C'est au concours, à l'appui de la France que la Grèce et la Turquie savent tenir leur autonomie.

» L'Angleterre comme la Prusse et la Russie ont cons-

(*) Cependant, le peuple ne la voulait point, et c'est pour l'éviter que sept millions de Français ont voté OUI en faveur de la nouvelle constitution impériale. Les bonapartistes criaient partout que voter NON, c'était voter la guerre. La France a voté OUI, et l'empire, malgré sa promesse, l'a conduite à la ruine en la personne de Napoléon III, de triste et lugubre mémoire.

tamment trouvé en temps de paix, dans la France, une alliée fidèle, et le berceau du progrés et de la civilisation dont elle sut répandre et propager les bienfaits jusque sur les plus lointains rivages.

» Si la Prusse se fut un jour trouvée exposée à être soumise, dévastée ou démembrée par un ennemi aussi téméraire et aussi cruel que vous, la France, moins ingrate que les nations voisines auxquelles elle fut et reste pourtant si utile, la France n'eut pu rester impassible dans une si douleureuse situation ; elle n'eut pu laisser taire la voix de l'humanité, et elle eût su peser, par tous ses moyens, dans la balance, pour faire cesser les maux qui accablent la France et l'Allemagne, dans la lutte acharnée où elles se trouvent aujourd'hui.

» Jusques à quand, ô César ! la soif des conquêtes vous fera-t-elle verser impitoyablement le sang de tant de milliers d'hommes qui s'entre-déchirent pour votre seul orgueil et qui sont aussi et même plus dignes que vous de vivre en paix en véritables fréres ?

» Jusques à quand saurez-vous fouler aux pieds, même les premiers devoirs d'un souverain, qui consistent à soutenir la tranquillité et le bonheur de ses sujets ?

» Comme un autre Attila, longtemps encore serez-vous sourd à la voix de tant de familles que vous plongez dans la consternation et la douleur ? Longtemps encore serez-vous insensible aux larmes abondantes qui coulent de toutes parts, et vous vous rirez de la veuve éplorée, en Prusse comme en France, de la mére qui se meurt de désespoir d'avoir perdu, par vos desseins abominables, les trois enfants qu'elle a portés, nourris, et qui, sur ses vieux jours, faisaient son unique soutien ?

» Cruel encore mille fois vous serez si, à ce poignant et véritable récit, vous n'êtes touchez de tous les malheurs que vous occasionnez et pour lesquels tout l'univers vous juge, et l'histoire de tous les siècles à venir qui redira éternellement tous vos forfaits, vous voueront à la haine, au mépris et à l'indignation de tous les peuples.

» BRIATTE-CARLIER. »

P.-S, Cette Epître, César, sera, dans toute l'Europe, répandue par milliers d'exemplaires pour le bien de l'humanité qu'aussi cruellement vous osez outrager, et le châtiment terrible que vous en devez attendre.

Epître au Roi Guillaume

PAR AUGUSTE ROUSSEL DE MÉRY.

Sire, au sein de Paris par vous emprisonné,
Mitraillé le matin et le soir canonné.
En l'an soixante-dix menacé d'esclavage,
Condamné par vous-même à me faire hippophage,
J'élève enfin la voix et prends la liberté,
D'adresser cette Epître à Votre Majesté.

Vous l'avez démontré par votre caractère,
Les rois sont les bouchers des peuples de la terre ;
Ils ont fait de ce globe un immense abattoir !
C'est là que par la force, abusant du pouvoir,
L'égorgeur couronné frappe, dépèce, assomme,
Cet impassible bœuf décoré du nom d'homme :

Tels sont les souverains, le plus grand des fléaux !
Mais quand le fanatisme envahit leurs cerveaux,
Quelque chose d'horrible à l'instant prend naissance,
Et nous avons le monstre à sa haute puissance.
Cependant l'histoire a dit la vérité,
C'est au monstre royal qu'on doit la liberté,
C'est par ses cruautés qu'elle existe et se fonde.
Ouvrez un seul instant les archives du monde,
Vous serez convaincu que, dans l'ordre moral,
Le bien, presque toujours, prend naissance du mal.
C'est par là qu'il grandit, qu'il s'affirme, qu'il s'impose.
Donc, sans vous en douter, vous servez notre cause,
Et le progrès par vous, menacé du néant,
Doit à cause de vous, faire un pas de géant.

———

Cette guerre sauvage, à l'époque où nous sommes,
De tous les potentats doit dégoûter les hommes :
Qui voudraient s'affliger de rois et d'empereurs
Après tant de forfaits, de crimes et d'horreurs !
Avilir à ce point le royal diadème,
C'est prononcer l'arrêt de la royauté même.
Et pourtant, si j'en crois votre modeste aveu,
Vous êtes, dites-vous, un instrument de Dieu ;
Vous l'êtes en effet, votre fureur l'atteste ;
Mais il vous a choisi comme il a choisi la peste.
Laissez-là, croyez-moi, votre dieu des combats.
Sommes-nous au temps où, partout ici-bas,
Les peuples abrutis des royautés fossiles
Croyaient au Jupiter des tyrans imbéciles ?
Non, non, depuis le jour où le progrès est né,
Votre dieu des combats lui-même est détrôné,
Et son tonnerre éteint qui fait rire la foule,
Est relégué par nous avec la sainte ampoule.

———

O monarque insensé ! ridicule César !
Mélange d'Alaric, d'Ignace et d'Escobar,
Qui tuez en priant, et d'un air hypocrite,
Les mains rouges de sang prenez de l'eau bénite,
De ce grand attentat n'avez-vous nuls remords ?
Est-ce que, dans vos nuits, des légions de morts,
Ne vous visitent pas, l'anathème à la bouche ?
N'entendez-vous jamais, autour de votre couche,
Le râle des mourants, la plainte des blessés,
Les vierges du hameau pleurant leurs fiancés ?
Les amantes, les sœurs, les épouses, les mères,
Par leurs gémissements et leurs larmes amères,
Redemandant au ciel tant d'êtres massacrés ?
Pour de telles douleurs, quels comptes vous rendrez.
Quand l'Histoire jugeant vos lâchetés commises,
Prononcera sur vous dans ses grandes assises !
Jamais roi ne sera plus justement flétri !
Deux hommes avec vous cloués au pilori,
L'un, votre Conseiller, l'autre indigne monarque
Du fer rouge à l'épaule étaleront la marque,
Et votre triple honneur, comme au panier jeté,
Par la main du bourreau sera décapité.

—

Il faut que tant de sang sur vous-même retombe !
Et c'est vous, ô vieillard ! à moitié dans la tombe,
Vous qui sentez déjà la morsure des vers,
Qui vous faites un jeu de troubler l'univers.
De Paris en mourant vous rêvez la conquête !
Quoi ! l'âge, ce fardeau qui vous courbe la tête,
Après tant de leçons ne vous a rien appris ?
Eh bien ! sachez de moi qu'il en est de Paris
Comme il en fut jadis de cette Cité sainte
Dont un ange gardait la redoutable enceinte ;
On a beau se flatter d'en savoir les chemins,
On n'y pénètre pas avec du sang aux mains !

Vous serez foudroyé par la cité sublime,
Car nous sommes le droit et vous êtes le crime !
C'est là qu'est notre force. — Ah ! vous avez pensé
Que vous, spectre royal, fantôme du passé,
Complotant à votre aise avec un Bonaparte,
Vous pouviez supprimer la France de la carte ;
Dans un cercle de fer vous pouvez l'enfermer.
Vous pouvez l'investir mais non la supprimer ;
Car elle est le progrès, la gloire, la lumière,
Et l'humanité sainte escorte sa bannière !
Or, quoi que vous fassiez, avec un tel drapeau
Un peuple n'est jamais vaincu par un troupeau !
Qu'importe les succès de la force brutale,
Vous n'obtiendrez jamais la victoire morale,
La seule désirable et glorieuse en soi.
Certes, il ne suffit pas d'être empereur et roi
Pour conquérir l'honneur de ce triomphe auguste,
Il faut être plus grand, Sire, il faut être juste !
Joignez à vos canons la foudre s'il le faut,
Le droit est un rempart qu'on ne prend pas d'assaut ;
La force devant lui n'est qu'un vain simulacre,
Vous pouvez entasser massacre sur massacre,
Vous ne le vaincrez pas ! et c'est là justement
Ce qui fait notre gloire et votre châtiment.

———

Tremblez ! votre sentence est enfin prononcée ;
Une plume divine autrefois l'a tracée :
« *Qui tue avec le fer, périra par le fer.* »
Vieux brandon de discorde échappé de l'enfer,
Vous n'avez de nos jours, aucune raison d'être,
Et ce n'est qu'à l'esclave de se choisir un maître.
Aussi prêtez l'oreille au bruit des nations ;
Qu'entendez-vous au sein des révolutions ?
Le cri de Liberté dont la rumeur profonde
Grandit comme un orage aux quatre coins du monde,

L'Univers révolté qui se lève debout,
Et qui pareil aux flots du cratère qui bout
Fait irruption à travers vos entraves,
Pour vous envelopper dans un torrent de laves !
Des signes précurseurs annoncent ce moment :
Vous serez submergé par ce débordement,
Des trônes effondrés c'est la grande débâcle !
Ce sont les temps fameux annoncés par l'oracle :
« *Les monts et les côteaux seront tous nivelés,*
» *Les chemins aplanis et les vallons comblés.* »
Mot profond dont le sens en ce terme s'explique :
Vous n'aurez plus qu'un peuple et qu'une République.

Lettre d'un Alsacien

AU COMTE DE BISMARCK.

« Monsieur,

» J'appartiens à cette malheureuse Alsace (*) que vous avez arrachée des bras de la mère-patrie, pour la faire entrer de force dans cette danse macabre de l'unité allemande qui va sans cesse s'élargissant sur l'Europe. Vous ne doutez pas que je suis votre ennemi, et, si je vous tenais dans un bon coin, comme vous avez tenu l'armée française à Sedan, nous aurions ensemble une petite explication où votre diplomatie et votre casque de cuirassier ne vous serviraient à rien.

(*) Resurgens non moritur.

» Je ne discuterai pas les prétendus droits allemands au nom desquels vous vous êtes annexé l'Alsace et la Lorraine. Un marchand toilier s'emparant au Louvre d'un tableau de Delacroix, sous prétexte que la toile de ce tableau sort de son magasin, n'agirait pas autrement que vous ne faites. Certainement la matiére brute des deux provinces a été fournie par l'Allemagne, il y a quelques cents ans; mais la France s'est appropriée cette matiére, l'a travaillée, marquée au coin de son génie, l'a rendue méconnaissable en l'embellissant des vives couleurs de la civilisation et des mœurs. Je ne sais ce que furent nos grands-pères, mais je sais que nous sommes Français ! Toutes vos querelles d'archéologue, jointes à vos querelles d'Allemands, ne peuvent rien contre ce sentiment.

» Non, vous auriez mieux fait de dire : « *L'Alsace et la Lorraine ne sont pas à moi, car elles sont françaises;* mais elles sont à moi, car je suis le plus fort ! » C'eût été plus simple, et nous aurions mieux compris ce raisonnement.

» Mais je ne viens pas ici chercher querelle, quelque légitime qu'elle soit, une querelle de Français annexé ; ce qui est fait est fait..... jusqu'à ce que votre œuvre et vous soyez défaits. Je viens simplement m'insurger contre le faux en écriture que votre mauvaise foi introduit dans le traité de Francfort.

» Le traité dit : « *Les habitants des provinces annexées auront la faculté d'opter pour les deux nationalités.* »

» Rien n'est plus clair ; c'est-à-dire que si, moi qui habite l'Alsace, j'aime mieux tomber à l'eau que tomber dans le peuple allemand, je n'aurai qu'à faire ma déclaration à l'autorité, et ma qualité de citoyen français me sera conservé. Je n'aurai de commun avec l'Allemagne que le lieu ; pour tout autre rapport, je reste à la France. Je serai dans une situation identique à celle des Belges, résidents non naturalisés de Lille ou du département du Nord, qui, tout en habitant la France et obéissant à la loi française, ne cessent pas d'être citoyens belges !

» Vous ne prenez même pas la peine de torturer cet article pour en faire jaillir, s'il se peut, le double sens favorable à vos vues. Laissons cela aux diplomates de la petite école qui s'évertuent consciencieusement à créer des abîmes entre la lettre et l'esprit d'un traité. Votre Altesse n'y va pas par quatre chemins ; elle supprime sans façon l'article, et écrit à sa place :

« *Les habitants des provinces n'auront pas la faculté d'opter entre les deux nationalités, car l'autorité allemande expulsera immédiatement du pays ceux qui opteront pour la nationalité française.* »

Ceci est clair aussi, autant que le texte de l'article si insolemment foulé aux pieds ; c'est-à-dire que si, moi Alsacien, je m'inspire de nos sentiments et des promesses formelles du traité, pour vouloir rester Français, vos employés me forceront à briser la situation qui me fait vivre, à vendre précipitamment et à perte mes propriétés, à abandonner mes vieux parents incapables de suivre un long exil ; vos employés m'arracheront de force, en un tour de bras, à mes affaires, à mes affections, à mes habitudes, à mon clocher natal, à toute ma vie, et me reconduiront comme un vagabond, entre deux gendarmes jusqu'à la frontière voisine.

» Voilà votre faculté d'option... bornée par le bannissement ! Nous devions nous y attendre. N'êtes-vous pas un peuple de *facultées bornées?*

» Ça ne vous fait pas honneur, Monsieur de Bismarck.

» Vous me rappelez Brennus, jetant son épée en surpoids dans un des plateaux de la balance qui pesait la rançon de Rome. Mais Brennus était un barbare, et du moins il avait la fierté de la franchise ; car il accompagnait son geste du mot fameux : « *Vœ victis !* » *Malheur aux vaincus !*

» Aussi barbare que lui, vous remplacez son courage par l'hypocrisie ; et, tout en jetant une condition nouvelle dans la balance, vous jurez vos grands dieux que vous êtes scrupuleusement fidèle au traité, dont cependant votre unique interprétation rompt si odieusement l'équilibre !

» Votre mot à vous n'est pas : « *Malheur aux vaincus !* » mais : *Haine aux vaincus, et peur des vaincus !*

» Un Alsacien. »

Libération du Territoire

DE LA FRANCE.

Libérateur :

M. Adolphe Thiers, ex-Président de la République française, le grand Citoyen, le petit Bourgeois.

Résultat de l'emprunt français et étranger :

Quarante-deux milliards de francs souscrits au lieu de trois milliards.

Ce résultat a été atteint sous le *Gouvernement républicain.*

Au libérateur de la France

A M. Thiers,

ancien président de la République française, député.

« Monsieur Thiers,

» La distance qui nous sépare de la mère-patrie est impuissante à atténuer le souvenir des services généreux que vous avez rendus au pays.

» Par l'habileté de vos négociations, vous avez abrégé la durée de l'occupation étrangère. Sous votre sage administration, la France a pu réaliser un emprunt sans exemple dans le passé. Vous avez su calmer les esprits et acclimater dans la nation la République sage et modérée, que des passions aveugles s'efforcent de renverser, au risque d'une guerre civile.

» Nous vous remercions mille fois pour tout ce que vous avez fait. Recevez le tribut de la profonde reconnaissance de vos lointains compatriotes.

» Yokohama, (Japon), 25 octobre 1873. »

Tout Français — digne de ce nom — adhère de toute son âme à la belle adresse de ses compatriotes de Yokohama, et dit de tout cœur :

Daignez recevoir, ô grand Citoyen, Libérateur de notre patrie, l'assurance de notre entière gratitude pour les grands services que vous lui avez rendus.

Vive M. Thiers! (55)

Evacuation

DE LA FRANCE PAR LES PRUSSIENS.

Laissons parler M. Jules Claretie, témoin oculaire du départ de nos déloyaux envahisseurs : mieux que tout autre *reporter* absent, il peut éclairer l'ombre de cette dernière phase de notre libération.

« Amanvillers, 16 septembre 1873.

» Ce matin, à neuf heures et demie, le dernier soldat allemand a franchi, près de la ferme de Bayeux, à trois kilomètres de Gravelotte, la nouvelle frontière de France. J'avais eu la douleur poignante de voir débuter l'invasion à Forbach. Mais l'émotion qui a étreint à la gorge, tout à l'heure, les rares témoins de ce grand acte historique, n'est comparable à rien de ce qu'on peut éprouver. C'est surtout alors, et c'est maintenant que la perte de ce que les Allemands ont arraché à la patrie doit être profondément et plus vivement ressentie.

» Hélas ! c'est à deux pas des tombes françaises du champ de bataille de Saint-Privat, c'est près des « *tumulis* » d'Amanvillers, dont j'aperçois les croix blanches à travers la fenêtre de la ferme où j'écris, c'est à côté de la terre française, devenue terre allemande, et qui a gardé nos morts des 16 et 17 septembre 1870, qu'on comprend toute la valeur de ce qui nous échappe, et toute l'étendue de notre deuil national. Ils portent sur les murs effondrés, il y a trois ans, récrépits et rebâtis aujourd'hui, l'aigle noir de Prusse encastrée dans le plâtre de ces villages lorrains disputés jadis à l'ennemi.

Une plaque porte le numéro du régiment de la Landwher
à laquelle appartiennent leurs enfants, et Amanvillers
dont les habitants parlent à mes côtés, le français, sans
savoir et sans comprendre un mot d'allemand, fait partie
de la 27ᵐᵉ compagnie de la Landwher de Metz.

» Songeons éternellement à cela. Nous oublions trop
que nous avons notre unité déchirée et que notre frontière saigne d'une plaie ouverte.

» Une borne de pierre jaune, au rebord de la route
d'Etain à Metz, près d'un petit bois, marque aujourd'hui
la nouvelle frontière. La pierre porte d'un côté la lettre
F, qui veut dire *France*, et de l'autre la lettre *D*, qui
veut dire *Deutschand* ou *Allemagne*. Lorsque le premier
détachement prussien, parti de Conflans, a aperçu en
passant cette borne, sa musique a joué une marche
guerrière et ses soldats ont poussé trois *hurrahs*, qu'ils
ont répété à quelques pas de là, devant le poteau de la
douane prussienne, rayé aux trois couleurs allemandes,
(56) planté devant la ferme de Bagneux, avant la Mal-
maison. C'était l'avant-garde des derniers détachements
de l'armée d'occupation.

» Nous avions à six heures du matin, à Vanderlisse,
rencontré l'arrière-garde qui s'éveillait, sortait des fermes, chargeait ses derniers bagages et attachait à ses
chars les malheureux chiens hurlants dont j'ai déjà
parlé à Conflans, la grand'rue était pleine de soldats en
armes. Le général Lissingen, à cheval, attendait le défilé
de ses troupes. Nous les avons dépassés pour les attendre à la frontière et les voir définitivement quitter le
pays. Avant même que le dernier Prussien eut quitté
Conflans, le maire de la ville avait paré son magasin de
drapeaux et d'étoffes tricolores que la gendarmerie allemande voulut lui faire enlever sans que le brave homme
résolu, y ait consenti.

» D'Etain à la frontière, c'est-à-dire de la route placée entre Saint-Marcel (*France*) et Vernéville *(Allemagne)* au-delà de Doncourt-lez-Conflans, des détachements prussiens, fantassins du 64e pionniers, artilleurs, encombraient le chemin. Et toujours, devant le poteau prussien, leurs *hurrahs* retentissaient, ou leurs chants en l'honneur de l'*homme-allemand.*

» Vers neuf heures du matin, l'état-major allemand de la ville de Metz est arrivé, caracolant, et suivi de dragons bleus, au-devant du général Manteuffel. On entendait sur la route d'Etain, le lourd et régulier mouvement de l'infanterie prussienne et les échos de sa musique. Manteuffel, en uniforme bleu de roi, qu'il portait la veille, suivi de ses officiers et de son fils, a fait ranger ses soldats sur le bord de la route, et, à cheval devant la borne-frontière, entouré de l'état-major allemand, il les a regardé défiler tandis que la musique jouait une marche triomphale.

» J'ai entendu sur le champ de bataille de Sedan les musiques allemandes jeter au vent la *Prière du Lohengrin.* C'était à la fois terrible et grand, insultant et religieux. Mais ce matin, ces accords de cuivre, cet air de triomphe, ces cimbales marquant le pas roide des fantassins, tout avait, je ne sais quel accent de victoire suprême, dernier défi, de terrible adieu à la terre de France.

» Pâles et fermes, officiers et soldats défilaient, portant armes devant leur général, qui, en casquette, les regardait à travers ses lunettes.

» Une indescriptible émotion oppressait les poitrines. »

L'ouvrier patriote

ET LES DEUX GENDARMES.

« Six ou sept Français se serraient, près de la frontière, autour d'un brave garçon, humble, ému, mais patriote dans l'âme, un coiffeur de Verdun, Merly, venu tout exprès de sa ville pour planter un drapeau tricolore à l'extrême limite de là France, est venu à pied cette nuit, portant sur l'épaule son drapeau enroulé sur la hampe.

» On avait dit que le général de Manteuffel voulait passer le dernier la frontière. Le général Lissingen tenait, de son côté, à être le dernier allemand foulant notre territoire. Ce n'a été ni l'un ni l'autre. A peine le dernier soldat *(un fantassin)* a-t-il eu repris la route de Metz, qu'un capitaine de dragons bleus, un jeune homme, l'air souriant et narquois, a poussé son cheval vers la France et s'est remis à caracoler, puis il a regagné l'état-major qui s'éloignait au galop. Que celui-ci soit bien réellement le dernier !

» A peine la limite fictive qui sert de limite à deux peuples a-t-elle été franchie que ce brave homme de Merly a déployé son drapeau tricolore. Le vent l'a fait flotter et clapoter gaiement sous le ciel pluvieux. Les dragons bleus et les officiers l'ont regardé en ricanant.

Les gendarmes patriotes

» C'est alors qu'un grand cri de :

« Vive la France! »

a retenti sur la route. Deux gendarmes, de ces braves qui sont vraiment le type paternel et courageux du soldat français, arrivaient à cheval.

» L'un d'eux, le gendarme Adam, a levé son képi, et, le premier il a poussé ce cri :

« *Vive la France!* »

— « *Vive l'armée française!* » a ajouté l'un de nous donnant un souvenir à ces pauvres et glorieux morts qui dorment près de là.

» Les bataillons allemands étaient déjà loin que nous demeurions muets, immobiles, affaissés, à l'endroit où finissait la patrie. . . . .

» Nos mains ont serré d'une étreinte silencieuse la main des deux gendarmes qui avaient suivi jusqu'à la frontière l'armée allemande, et sans dire un mot, ces soldats — modèles de tenue et de discipline — se sont éloignés au galop de leurs chevaux. » (57)

VI

QUAND ON AIME LA PATRIE

ON LA DÉFEND, ET ON MEURT MÊME POUR ELLE

———

Qu'elle est la mort la plus patriotique et la plus courageuse ?

Mirabeau et Seyès causaient ensemble sur les morts célèbres dont l'antiquité nous a fait le récit. Mirabeau disserta longtemps avec son éloquence accoutumée sur le poignard de Lucrèce, la mort de Socrate et celle de Caton. « Vous avez très bien parlé, lui dit Seyès ; mais ces grands hommes étaient soutenus par de grandes passions. Ils attachaient sur eux les regards de tout un peuple, et pouvaient entendre d'avance les louanges de la postérité. Je connais un genre de mort qui suppose encore plus de force d'âme et de courage, et qui a bien plus de simplicité. » — « Laquelle donc ? » demanda Mirabeau. — *C'est la mort d'un simple soldat que la mitraille vient de frapper sur un champ de bataille,* qu'on jette dans une charrette, dont chaque cahot lui cause d'horribles souffrances, qu'on conduit dans un hôpital, où quelquefois il n'y a rien pour le panser (58), pas un verre d'eau pour étancher sa soif ; qui a vécu obscur, qui meurt ignoré, loin de ses parents, sans amis, sans prêtre, sans secours, et qui *meurt pour son pays,* sans se plaindre. » — « Oui, certainement, répliqua Mirabeau, ce genre de mort est ce qu'il y a de plus patriotique et de plus courageux. » (59)

Le Collégien

OU LE JEUNE HÉROS DE LA GARDE NATIONALE DE MONTEREAU

(SEINE-ET-MARNE).

Vers le milieu du mois d'octobre de la funeste année 1870, les Prussiens envahirent le département de Seine-et-Marne ; les habitants saisis d'un généreux enthousiasme, prirent le parti de se défendre. Ce patriotisme fut surtout compris à Montereau ; une garde nationale assez nombreuse se forma, et, sous la conduite de chefs énergiques, prit part à diverses reconnaissances et à des attaques sérieuses.

Un jeune homme, beau et grand garçon, avait 19 ans ; il habitait avec sa famille, une des nombreuses et jolies habitations semées dans les environs de Montereau. Depuis quelques années, pensionnaire dans un collége d'un département voisin ; il était l'objet de l'amitié de ses condisciples en même temps que la joie et l'orgueil de ses maîtres ; son ardent désir d'apprendre, son aptitude au travail, faisaient présager en lui une âme d'élite à laquelle l'avenir était facile. Il partageait ses loisirs entre ses études et sa famille ; les rares jours de congé, il venait les passer auprés de son pére, de sa mére et de sa sœur, auxquels il prodiguait les soins et l'affection la plus sincére ; son cœur ne connaissait ni l'envie, ni la jalousie : aussi tout le monde l'aimait-il, et tous désiraient l'avoir pour ami. C'était une de ces rares natures que Dieu se plaît quelquefois à montrer aux hommes, pour leur donner une idée de la véritable fraternité qui devrait tous nous animer ; mais que malheureusement il retire souvent trop tôt, ne voulant pas les laisser se souiller par le contact des ambitions de la perversité humaine.

Dés le commencement de la guerre, il avait quitté le collége et était entré comme volontaire dans la garde nationale ; il avait juré, dans son âme généreuse, une haine profonde aux envahisseurs du sol français, qui semaient déjà partout sur leur passage, la misére et le désespoir, et avait pris part aux attaques et aux reconnaissances qui avaient lieu presque journellement. Le 20 octobre 1870, vers dix heures du soir, le chef de bataillon de la garde nationale de Montereau est averti qu'une compagnie de soldats prussiens devait venir le lendemain en réquisition, dans une ferme de la Chapelle-Rablais.

Des ordres furent donnés pour rassembler le bataillon et les volontaires. Notre héros, dont il est temps de citer le nom, *Camille Vilmay,* en fut prévenu ; impatient d'être au lendemain, il fit promettre à son hôte, chez lequel il habitáit provisoirement, de le réveiller à la premiére heure, pour être prêt à accompagner ses frères d'armes ; une compagnie de marche du département de l'Yonne devait se joindre à eux. Dés sept heures du matin tous furent réunis, prêts à marcher.

Les chefs se consultérent. Aprés renseignements pris

sur la position occupée par l'ennemi, il fut décidé que la ferme serait attaquée par trois points différents et en même temps.

A l'arrivée des forces devant la ferme, les Prussiens se concertèrent immédiatement. Quelques détails sur la ferme dite de la *Salle:* c'est un ancien château du XVI° siécle, entourés de hauts murs et de fossés profonds et remplis d'eau. C'était là, on le voit, presque une forteresse, parfaitement en état de se défendre longtemps contre des troupes dénuées d'artillerie.

N'importe ! L'attaque fut résolue, les coups de fusils furent échangés de part et d'autre, une fusillade terrible s'engagea ; malgré cela on avançait de plus en plus. Un silo de betteraves placé sur la gauche de la route servit d'asile aux gardes les plus avancés ; l'ennemi tenta plusieurs charges de cavalerie : elles furent toutes repoussées avec la plus grande énergie.

Dans ce moment, plusieurs cavaliers sortirent de la ferme et se dirigèrent du côté de Mormont, sans doute pour y chercher du renfort; quelques-uns des assiégeants se détachèrent à la hâte pour couper le passage à ces fuyards, mais ils ne purent y parvenir.

La fusillade se continuait vive et pressée ; entrainés par leur ardeur, un certain nombre d'hommes, parmi lesquels se trouvaient les volontaires de l'Yonne et notre jeune héros, s'avancèrent bravement vers la ferme, se mettant à découvert. Là furent faits des prodiges de bravoure : quelques-uns tombèrent pour ne plus se relever. Notre brave Vilmay, s'avançant toujours, touchait à la ferme, lorsqu'un officier prussien, entre-baillant la porte voulut tirer sur lui. Ne lui en laissant pas le temps, Vilmay l'abattit d'un coup de son fusil de chasse. Les Prussiens répondirent par une décharge générale à cet acte d'audace ; une balle lui pénétra dans l'aine, il fut forcé de revenir quelques pas en arrière, et se mit à l'abri derrière le silo de betteraves. Son commandant le rencontrant blessé, se traînant avec peine, lui conseilla, et même lui ordonna de se retirer et d'aller se faire panser : il refusa. Pressé par les hommes de la compagnie de marche, qui lui disaient, en le voyant perdre son sang : « *Mais vous allez mourir !* » il répondit ces paroles, dans lesquelles se retracent toute son énergie et son dévouement envers la Patrie : « *Je suis venu pour cela et je veux en tuer jusqu'à la mort.* »

En effet, pendant trois quarts d'heure, la lutte se continua, mais sans succès de la part des assiégeants qui combattaient contre un ennemi invisible.

La cavalerie ennemie tenta deux nouvelles sorties ; la première échoua, mais la seconde, plus forte, composée de quarante cavaliers se dirigea vers le silo de betteraves où quelques hommes, décidés à se faire tuer plutôt que de se rendre, s'étaient retirés : parmi eux était le brave Vilmay. Les Prussiens se ruèrent sur eux à plusieurs reprises ; Vilmay en tua trois, en se redressant à grand'peine sur ses jambes endolories.

Une balle l'atteignit lui-même en pleine poitrine. Alors la victoire devint facile ; les quelques hommes qui restaient furent massacrés sans pitié. Les Prussiens se comportèrent là comme partout ; leur brutalité ne se trouvant pas assez assouvie par leur facile succès, ils crevèrent les yeux de leurs victimes, leur coupèrent les oreilles ; les défigurant enfin avec la plus grande cruauté : tels ils furent retrouvés le lendemain 22 octobre 1870.

Les funérailles de ces nobles martyrs furent faites le 24 octobre, à Montereau : toute la population y assista, précédée du conseil municipal. (60).

Deux noms à retenir

MM. Copin et Provost.

Le 10 octobre 1870, deux hommes d'un rare courage, *M. Copin,* capitaine de la 2me compagnie du 22me bataillon de la garde nationale, et *M. Provost,* âgé de 19 ans, volontaire aux francs-tireurs de Paris, étaient désignés sur leur demande, par le ministre de l'intérieur pour transmettre les dépêches du gouvernement à la délégation de Tours. Ils furent conduits aux avant-postes par la route de Saint-Denis et livrés aux hasards de leur périlleuse entreprise. Après avoir tour à tour servi de point de mire aux chassepots et aux fusils à aiguille, après avoir été traqués même par les francs-tireurs français qui les prenaient pour des espions, ils tombèrent enfin, aux environs de Saint-Brice, entre les mains d'un parti de uhlans.

Il serait trop long de raconter ici toutes les brutalités sauvages auxquelles ils furent soumis, et pour exposer les tentations honteuses faites successivement par trois généraux et par un prince allemands contre leur loyauté de soldats et de citoyens. Toujours est-il qu'ils refusèrent d'acheter la vie et la liberté au prix d'une trahison, que Provost, héroïque jeune homme dont le nom est ignoré, tomba sous les balles prussiennes pour avoir refusé de livrer les secrets de la défense, et que Copin ne dût d'éviter un sort pareil qu'à son énergie et à son audace. Fugitif à travers les lignes prussiennes, traqué comme une bête fauve, il n'atteignit enfin le territoire occupé par les armes françaises qu'après avoir erré longtemps dans la campagne ; le jour se cachant dans les ravins, la nuit rampant le long des haies ; mourant de soif et de faim, et, souffrant de mille plaies douloureuses, témoignage de la rage allemande à la suite de tant de fatigues. M. Copin a été gravement malade et il a passé pour mort. Nous pouvons ajouter à ces renseignements que, retiré au village d'Englebelmez, dans la Somme, il est infirme et dans la pauvreté. (61)

Un peintre vraiment français

ET PATRIOTE.

Vous croyez qu'il suffit, pour ces atroces guerres,
D'employer des soldats, rien que de vrais soldats ?
Vous vous trompez : le sang des victimes vulgaires,
Aux rois, quand ils se sont fâchés ne suffit pas. (62)

Henri Regnault, mort à 27 ans, à la bataille de Buzenval, 19 janvier 1871.

FRAGMENTS

Ses émotions

Le 3 août 1870, il écrivait de Tanger (Maroc) à son père :

« Pas de nouvelles de la guerre ! C'est désolant. Je ne viens pas à Paris avec mon tableau, parce que je serais

capable de partir pour la Prusse. (*) Je voudrais avoir
les émotions du soldat, les entraînements de la bataille,
les enivrements de la victoire !... je me connais, il vaut
mieux pour toi et pour moi que je reste à Tanger. »

Son désir

« Tanger, 12 août 1870.

» Mon cher papa,

. . . .
. . . .

» Laisse donc Eugène aller à son poste, je voudrais
bien y être aussi, moi ! Si les choses vont mal, je n'y serais pas le dernier ! Un être inutile à son pays ne doit
pas se rencontrer en France, sous aucun toit. (63) Il est
du devoir de tous de marcher et de soutenir honorable-
ment son titre de Français, qui ne doit pas devenir syno-
nyme d'*égoïste*, de *lâcheté*, de *mollesse*.

Son amour allié à celui de la patrie

UNE NUIT D'HIVER.

« Postes avancés du Port-aux-Anglais, janvier 1871
» A Mlle *G. Breton, sa fiancée, fille de l'un des chefs de
la maison Hachette, et petite-fille du célèbre éditeur
parisien.*

. . . .
. . . .

» Enfin ! cette nuit interminable est finie ! O ma pau-

(*) On croyait alors que l'armée française irait à Berlin : ce fut le
contraire.

vre amie, c'était horrible! mais je ne veux pas me plaindre, parce qu'il y en aura qui auront souffert plus que
moi... Un vent glacial menaçait à chaque instant de nous
enlever nos tentes. Nous étions entièrement exposés à
cette tempête de glace. Tout gelait dans nos bidons, les
pieds étaient devenus insensibles. Oh! je puis parler
sciemment du froid, et sais ce matin ce qu'est une nuit
sur la terre dure, exposé à une bise glaciale. Quatre
hommes chez nous gelés, dont un sergent ; on est parvenu à les rendre à la vie. Assez là-dessus. Je me ré-
chaufferai à votre foyer. Je vous aime, j'aime mon pays,
et cela me suffit. »

Il refuse son avancement

18 janvier 1871. — Au capitaine Steinmetz, 16me régiment de guerre, 69me bataillon des gardes nationales de
la Seine, 1re compagnie, au sujet du refus de sa nomina-
tion au grade de sous-lieutenant.

. . . .
. . . . Mon exemple peut rendre plus
de services que mon commandement. Décidé à supporter
sans broncher les fatigues et les ennuis du métier, sans
en éviter aucun, a être le premier aux corvées et le premier au feu, j'espère entraîner à ma suite ceux de mes
camarades qui seraient portés à se plaindre et à hésiter.
Nous sommes plusieurs dans le même cas, animés des
mêmes sentiments, *mais nous ne serons jamais assez
nombreux.*

Vous avez en moi un bon soldat, ne le prenez pas
pour en faire *un officier médiocre.* » (64)

Une Fleur sur sa tombe (*)

Il excellait dans la peinture :
La chair vivait sous son pinceau,
Il avait surpris la nature
Dans son costume le plus beau.

Mais l'âme ? — Oh ! pourquoi la souffrance
Qui mûrit le génie en fleurs,
N'avait-elle trempé d'avance
Ce fier jeune homme pour les fleurs

Les yeux auraient perdu peut-être,
Mais le cœur, mais l'âme eût gagné
Et Regnault serait un grand maître.
La guerre, hélas ! l'a moissonné !

Avant qu'il eût appris la vie,
Byron pour la Grèce était mort,
Regnault mourut pour la patrie,
Tous les deux contents de leur sort.

Dors en paix, martyr volontaire,
Ne crains pas que l'ange Arzael.
Voilant tes amours de la terre
Passe dans ton somme éternel.

Si ta mère et ta fiancée
Regrettent un époux, un fils,
N'ont-*elles* pas la forte pensée
Qu'il est tombé pour le pays.

Une telle abnégation est chose rare de nos jours.

(*) *Amour et Patrie,* par Léon Séché, poëte nantais.

Le commandant Baroche.

LE BOURGET.

Le fils de l'ancien ministre de la justice, M. Baroche, commandant de la garde nationale mobile de la Seine, meurt glorieusement en combattant les Prussiens, le 29 octobre 1870, au Bourget, position qui avait été reprise aux Prussiens le jour précédent, par les francs-tireurs de la Presse. (65)

Le 28 octobre 1870, les francs-tireurs de la Presse, placés à l'avant-garde, débusquèrent les prussiens qui occupaient le Bourget, village situé à huit kilomètres de Paris, et soutenus par le 28me régiment de marche et les 12me et 14me bataillons de mobiles de la garde nationale de la Seine *(Batignolles et Montrouge)*, ils tinrent en échec, pendant trois jours entiers *(28, 29 et 30 octobre)*, des forces ennemies plusieurs fois supérieures. Enfin. . . . . *ils sont tombés en répandant leur sang et en donnant leur vie pour la patrie !* . . . .

C'est là, au Bourget, en effet, qu'est tombé avec tant d'autres — la tête dans un ruisseau, le fils d'un ministre de l'empire *(celui de la justice)*, mort en héros au service de la France.

Au n° 10 de la grand'rue du Bourget, sur une plaque en marbre blanc, on lit ces mots en lettres d'or :

ICI A ÉTÉ TUÉ

ERNEST BAROCHE

Commandant

du 12me Bataillon

de la Garde nationale mobile

de la Seine

LE 30 OCTOBRE 1870

Au cimetiére du Bourget on lit sur un superbe monument :

Au 28me régiment de marche; au 12me régiment de mobiles; au 14me bataillon de mobiles; aux francs-tireurs de la Presse, morts dans les combats des

28, 29 et 30

Octobre

1870.

Paris en deuil pleure la mort de ses plus nobles enfants. . . . .
Passons et saluons ces braves.

Au ciel et aux événements appartient la vengeance de ces nobles victimes mortes en défendant la patrie,

LA FRANCE

ET

LA RÉPUBLIQUE. (66)

Le commandant de Dampierre

FRAPPÉ A MORT A BAGNEUX (PRÈS PARIS)
LE 13 OCTOBRE 1870.

Le 13 octobre 1870, le comte Picot de Dampierre, chef de bataillon de mobiles de l'Aube, tomba l'un des premiers au glorieux combat de Bagneux, où une lutte héroïque se prolongea pendant cinq heures.

Il s'était avancé, à la tête de ses jeunes braves, jusque sur la place de Bagneux, sans rencontrer de résistance. Alors il voulut fouiller les rues voisines, et poussa son cheval en avant. Une pluie de projectiles tomba sur la 4ᵐᵉ compagnie.

A ce moment-là, une balle, partie d'une fenêtre située au deuxième étage d'une maison appartenant à Mᵐᵉ Morisseau, rue Morisseau, vint frapper le commandant au-dessous de la boucle de son ceinturon.

Il tomba dans les bras du capitaine Casimir Périer, qui le transporta à l'ambulance des Dominicains d'Arcueil, où son beau-frère, le marquis Henri de Rouzé, reçut son dernier soupir.

Le comte Picot de Dampierre descendait du général de Dampierre, qui demeura fidèle à la République après la défection de Dumouriez et eut l'honneur d'être enterré au Panthéon. Il était âgé de trente-trois ans, millionnaire, instruit, charitable, aimé de tous. Chasseur émérite, on vantait ses équipages du canton de Blagny dont il était conseiller général. Il avait épousé Mˡˡᵉ Valentine de Rouzé, et le malheur l'avait frappé en 1867, en lui enlevant sa digne compagne.

Pendant le temps que dura son agonie, le commandant de Dampierre ne se préoccupa que de ses soldats et de son vieux père qui lui survivait.

Ses derniers mots cependant furent ceux-ci : « *Je vais revoir ma chère Valentine... cher ange !* »

On lui fit, en l'église de la Madeleine, de superbes funérailles auxquelles assistaient des détachements de tous les corps d'armée, le général Trochu et les membres du gouvernement de la Défense en tête.

Une plaque commémorative, scellée dans le mur de la propriété de Mme Morisseau, perpétue le souvenir de cet événement.

L'inscription porte :

ICI EST TOMBÉ FRAPPÉ DE MORT

ANNE-MARIE-ANDRÉ-HENRI DE DAMPIERRE

Commandant le 1er Bataillon

de la Garde nationale mobile de l'Aube

Le 13 Octobre 1870. (*)

L'Ordre du jour du 14 Octobre 1870.

« Le commandant de Dampierre, des bataillons de l'Aube, entraînant ses troupes à l'attaque de Bagneux, où il est entré le premier, a succombé glorieusement, et je donne ici à cet excellent officier des regrets que l'armée partagera.

» Le général de division,

» BLANCHARD. »

(*) Un monument a été érigé au commandant de Dampierre, à Bagneux, le 13 octobre 1874.

Le Sous-Lieutenant, le Sergent

ET LE CAPORAL A BAGNEUX.

Le sous-lieutenant Charles Meyer, le sergent Anselme Roland et le caporal Studer, de la 2me compagnie des mobiles de la Côte d'Or, entrérent comme des lions dans le village de Bagneux, n'écoutant que leur courage et dédaignant de prendre aucune mesure de prudence.

Le sous-lieutenant Meyer, son revolver au poing, pénétra dans une grange où étaient huit Bavarois. Surpris de tant d'audace, et pensant sans doute qu'ils étaient cernés,ils se laissèrent désarmer et suivirent en tremblant nos trois héros,qui ramenérent triomphalement au camp français, les huit premiers prisonniers qui eussent été faits dans la journée.

Deux autres braves.

A midi et demi, le sergent Moyer, du 3me bataillon de la Côte d'Or, amena une escouade de prisonniers qu'on conduisit devant le général Vinoy. La plupart étaient Bavarois. Ce jeune sergent demanda à retourner immédiatement au feu.

Une heure aprés, une autre escouade de dix-sept Bavarois, portant le casque à chenille avec la couronne, au milieu desquels s'était égaré un officier de la garde royale, entra dans le fort sous la conduite de l'adjudant-major Lebrun de la Côte-d'Or.

Ce jeune homme avait vu tomber M. de Dampierre ; c'est lui qui apprit sa mort au général Vinoy et lui donna l'explication du mouvement dans Bagneux. (67)

Le jeune amputé parisien

DEVENU DESSINATEUR.

C'était le dimanche 26 octobre 1873, la distribution des prix faite aux élèves de l'école de dessin de la rue Crozatier, XIIme arrondissement.

Présidé par M. Piat, conseiller municipal, assisté de M. Bassompierre-Sewrin, inspecteur des écoles de dessin ; cette cérémonie n'avait rien présenté, au début, rien de bien remarquable.

Les lauréats avaient reçu, aux applaudissements de leurs camarades et des assistants, les médailles et les gravures formant les prix.

Il restait à décerner les récompenses données par la Société d'encouragement pour la propagation des livres d'art, lesquels consistent en magnifiques ouvrages artistiques de très-grande valeur.

Le prix d'honneur est attribué à l'élève *Louis Coudray*.

A l'appel de ce nom, d'unanimes applaudissements retentirent.

Le lauréat s'approche de l'estrade, ému et quelque peu intimidé ; en le voyant, ceux des assistants qui ignoraient le motif de cet enthousiasme sont entraînés et le saluent de leurs acclamations.

Louis Coudray n'a qu'un bras ; il a dû subir l'amputation à la suite d'une blessure grave, reçue pendant le siége de Paris.

Ce n'est pas tout : ce jeune homme était artiste sculpteur sur bois ; il a dû changer de profession, et, par un effort de volonté admirable, il s'est fait dessinateur industriel.

Voilà pourquoi la Société d'encouragement pour la propagation des livres d'art, lui a donné son plus magnifique ouvrage, dût Louis Coudray ne pas pouvoir l'emporter, ce qui est arrivé.

Voilà pourquoi je donne ce jeune homme amputé, pour la patrie, en exemple.

Quel est le Français qui n'a pas souffert matériellement ou moralement pendant la guerre ! Mais quel est celui qui, avec de l'énergie, de la persévérance et de la bonne volonté, ne peut réparer ses désastres et reprendre confiance dans l'avenir de notre chère France. (68)

Le curé de Cuchery

DONNANT SA VIE POUR SES PAROISSIENS.

Le petit village de Cuchery, situé à vingt kilomètres de Reims, peuplé de pauvres cultivateurs, et dont les maigres ressources suffisent à peine à équilibrer le budget, a été pendant la dernière guerre le théâtre d'un drame qu'on ne peut rappeler sans éprouver une profonde émotion.

Le 6 février 1871, un détachement de la landwher,

commandé par un sieur Zimmermann, accompagnait à Cuchery deux percepteurs chargés de percevoir l'impôt de guerre.

Ils allèrent s'établir sur les hauteurs boisées de Belval, qui dépendent de cette commune, pour y camper jusqu'au lendemain matin.

Pendant la nuit, et lorsqu'ils se croyaient à l'abri de toute attaque, des coups de feu, d'abord isolés, timides, mais bientôt plus résolus et plus rapprochés, éclatèrent sur la lisière des taillis.

Grand émoi dans le camp prussien.

Le tambour bat, on court aux armes.

Le bataillon, serré en colonne, se précipite vers le point où part la fusillade.

Se voyant inférieurs en nombre, et ne trouvant pas d'autre espoir de salut que dans la ruse, les paysans de Cuchery, — car ce [n'étaient que de malheureux paysans — jettent les fusils dont ils étaient armés, et se dissimulent de leur mieux au milieu des bois.

Remis de cette alerte, les Prussiens rentrent au quartier.

Mais la tentative des habitants ne restera pas impunie.

L'ennemi prépare sa vengeance et se dispose à châtier des hommes assez insolents pour faire feu sur les envahisseurs de leur pays.

En effet, dès le matin, il cerne le village, et le chef Zimmermann exige, sous peine de pillage et d'incendie, qu'on lui livre l'instigateur de l'attaque nocturne.

Un grand cœur, un patriote ardent, l'abbé Miroy, curé de Cuchery, offre de se dévouer à la cause commune.

Il se laisse dénoncer comme chef des partisans. On

l'arrête, en l'enchaîne, on le traîne à Reims. Mais la paroisse est sauvée.

Huit jours après, le dimanche 12 février, ce prêtre si français passait devant un conseil de guerre, et, sans sourciller, se voyait condamner à mort.

Le jour même il fut conduit sur les hauteurs de Berrup, à dix kilomètres de la ville, et fusillé par des hommes de la landwher.

Avant de commander le feu, le chef du peloton d'exécution s'approche de lui, et lui tendant la main :

— *Pardonnez-moi, monsieur le Curé, lui dit-il, pour l'acte que je vais commettre. Mais je ne puis agir autrement, mon devoir l'exige.*

— *Faites, monsieur, je vous pardonne.*

Telles furent les dernières paroles du pasteur martyr.

Il arracha le bandeau qu'on voulait lui mettre sur les yeux, et, le front rayonnant de noblesse et de courage, il tomba criblé de balles.

Quelques semaines après, l'officier Zimmermann mourut accablé de honte et de remords.

Les habitants de Reims se sont honorés en élevant, au cimetière du Nord, un magnifique cénotaphe en granit et marbre noir, à la mémoire du curé martyr. Les victimes de la guerre vont y pleurer leurs morts, les enfants apprennent là les horreurs de l'invasion et les devoirs qu'impose à tout Français l'amour de la patrie. (69)

Le Sergent Hoff du 107ᵐᵉ.

En cette année terrible dont parle le poëte (70), alors que tant d'épaulettes à graines d'épinards, que tant de poitrines plastronnées de croix, de crachats (71), de cordons et de broderies, donnant au pays éploré le spectacle de leurs hésitations, de leurs défaillances, de leur aveuglement, de leur impéritie ; c'était le plus souvent, sous les capotes de gros drap que battait le cœur de la France.

C'était sous le hâle de la pluie, de la neige, du vent, des privations, de la fatigue que transparaissaient les figures ouvertes, vaillantes et loyales. Ces plans-là que personne ne déposaient chez un notaire (72), étaient des inconnus qui les exécutaient, des soldats perdus dans la masse, des héros à cinq sous par jour, nourris d'une ration de biscuits et d'une gorgée d'eau-de-vie. Ces figures, tour à tour, éclairées par la colère et par l'espoir, virent leur joue bise pâlir et leurs yeux ardents, ne s'assombrir que lorsqu'il nous fallut mettre bas les armes devant la coalision du nombre et de la fatalité, *pour ne pas dire plus.* . . Le sergent Hoff est un de ces héros ; il fut une de ces figures.

A Dieu ne plaise qu'en glorifiant cet intrépide subalterne, je veuille jeter l'ombre d'*une ombre,* ou de reproche ou de soupçon, sur certains officiers généraux envers lesquels l'opinion se montre plus cruelle aujourd'hui que Brennus soufHetant de son « *Væ victis! — Malheur aux vaincus!* » Les défenseurs de Rome violée par les Gaulois.

Mais la bataille et l'embuscade sont les antipodes de l'une et de l'autre. J'ai tâté de toutes deux, et j'en jure par ceux de mes pauvres camarades qui n'en sont point revenus, je préfère celle-là à celle-ci !

O Parisiens de la sédentaire qui avez passé les nuits du siége, derrière le poële du corps-de-garde ou du baril de la cantiniére, dites, vous figurez-vous cet homme qui s'en va, à travers l'ombre pleine d'embûches, à l'affut des renards, des sangliers et des loups de la Germanie *(Allemagne)* beaugés dans leurs halliers ou terrés dans leurs trous? Il est seul, la nuit est noire. L'hiver fait rage. Le voyez-vous, camper sur la terre qui craque de gelée, ou serpenter dans les cloaques de boue et de neige fondue, éteignant sa prunelle, retenant son souffle, crispant ses doigts glacés sur la détente de sa carabine, ainsi qu'un Mohican de Cooper ou qu'un chasseur de Mayne-Reed? La route est hérissée d'obstacles. Soit, il les tourne à son profit. Se coulant d'arbre en arbre, de buisson en buisson, de broussaille en broussaille, de caillou en caillou, sous l'averse qui tombe, les flocons qui tourbillonnent ou le froid, l'horrible froid qui fend les pierres, le voilà à vingt pas, à dix pas, à cinq pas du poste et de la sentinelle qu'il espère surprendre. Le poste boit ou dort. La sentinelle s'abrite dans une fosse à loups, on n'aperçoit que sa tête qui guette ; ou bien elle bat la semelle, à l'abri d'un retranchement, son *dreyse* sur l'épaule (73) et pensant à sa *Gretchen,* qui a reçu, en guise d'anneau de fiançailles la bague de mariage arrachée au cadavre d'une paysanne de Bazeille.

Soudain un éclair raye les ténébres. . . . .

Une détonation retentit . . . .

Bonsoir, Hans, Ludwig ou Muller ! Votre Gretchen est veuve, garçon ! La pendule française que vous avez volée hier, et qui est là, dans votre sac, a marqué l'heure de votre mort.

Au coup de feu, le poste bondit. La fusillade éclate, les balles cravachent l'air...

Poudre et projectiles perdus. Le *tueur de Prussiens,* s'est évanoui en fumée. Au matin, il rentrera dans sa tente, couvert de fange, parfois de sang, et rayonnant d'une joie farouche, il jettera aux pieds de son comman-dant le butin de sa périlleuse expédition *un schaspska de uhlan, un casque de fantassin,* ou mieux encore, un paquet de lettres ou de journaux, documents précieux pour lesquels la ville assiégée troquerait volontiers son dernier quartier de cheval et son dernier morceau de pain.

Le sergent Hoff a fait cela dix fois, — vingt fois, — trente fois.

Ah ! c'est que Hoff est alsacien ! il a vengé sa chère Alsace, sa patrie, en attendant qu'il nous aide à la reprendre. (74)

M. Théophile Astrié a donné, dans son *Siége de Paris,* les notes suivantes au sergent Hoff :

26 Octobre 1870. — On parle des exploits du sergent Hoff.

9 Novembre 1870. — Nouvel exploit du sergent Hoff du 107ᵐᵉ d'infanterie qui a tué déjà environ trente Prussiens et a reçu la Croix d'honneur.

10 janvier 1871. — Le sergent Hoff qui a tué plus de trente Prussiens, était-il un espion? Il a disparu depuis le combat de Champigny.

16 Janvier 1871. — Le sergent Hoff n'était pas un espion.

6 juin 1873. — Gardien du Trocadéro à Paris: la récompense est-elle proportionnée aux services rendus à la patrie? (75)

Le cuirassier Fuchs

DU 7ᵐᵉ RÉGIMENT.

On se rappelle avec quel patriotisme le cuirassier Fuchs, du 7ᵐᵉ régiment, répondit aux questions qui lui furent posées par le commandant de la forteresse de Spandau, lorsque celui-ci le pressait de rentrer en Alsace, son pays natal, et de rester au service de la Prusse.

— Non, dit-il, je suis Français comme tous mes compatriotes, et la France a besoin de tous ses enfants, pour vous reprendre ce que vous lui avez volé.

Ce noble soldat, ce grand cœur, vient d'être fait chevalier de la Légion d'honneur.

Echappé une première fois des mains des Prussiens, il fut repris à Sedan et emmené à Spandau, où il chercha de nouveau à s'évader. Aussi fut-il condamné à dix ans de réclusion dans une forteresse.

L'amnistie vient de le gracier, et ce qui est beau chez Fuchs, c'est d'avoir refusé constamment sa grâce au prix de sa nationalité. (76)

Patriotisme de l'Armée du Nord.

« Il n'y a eu qu'un corps d'armée en France, a dit M. Von Bismarck, qui nous ait, après l'armée impériale prisonnière, opposé une sérieuse résistance, c'est l'Armée du Nord. »

Un tel témoignage, donné par un ennemi, est excessivement précieux au point de vue de sa véracité historique.

Si on a pu juger, dit M. A. Devienne, dans ses *Souvevenirs d'un Mobilisé lillois,* d'après le récit fidéle de nos souffrances, combien les gardes nationaux mobilisés ont été calomniés, ma tâche sera remplie à souhait.

Quoiqu'en aient dit leurs détracteurs, ils ne furent pas inutiles ces citoyens qui, pendant un hiver exceptionnellement rigoureux, quittaient leur famille, leur foyer, pour prendre part à la lutte désespérée de la patrie agonisante, bravant le froid, la faim, la fatigue, et, plus encore : l'immense découragement qui avait gagné les cœurs.

Combien de nos compagnons d'armes sont morts depuis, des suites de maladies contractées pendant cette rude campagne ? Nul ne pourrait le dire. Ce que beaucoup savent mieux, c'est que leurs insulteurs furent, en grande partie, ces hommes qui à l'heure où se jouait dans un combat suprême l'honneur de notre pays, étaient blottis timidement dans quelque sinécure improvisée ou réfugiés à l'étranger.

Les bons citoyens n'ont pas oublié l'heure solennelle où nous prîmes les armes ; tout semblait perdu (77) sans espoir, l'héroïque Mac-Mahon, blessé, notre vaillante armée, livrée par le sinistre aventurier de décembre et son digne émule Bazaine, l'ennemi entourant Paris d'un cercle de fer et de feu (78), et, pour comble de fatalité, les soldats, les armes, les munitions, tout manquant à la fois, afin d'organiser de nouvelles armées. (79)

Ils n'ont pu oublier cela, pas plus qu'il n'ont oublié la honteuse terreur de la plupart des gens qui, depuis la disparition du danger, ont fait chorus contre la

République et les armées citoyennes qu'elle sut improviser.

L'histoire impartiale se prononcera un jour, entre les combattants de la dernière heure et ceux qui les calomnient. Nous avons pleine confiance dans son verdict infaillible. Elle dira, nous en sommes convaincus, que nos phalanges républicaines mal équipées, mal nourries, armées imparfaitement, ont su, par leur héroïque résistance, commander le respect à l'Europe égoïste et sauver l'honneur du pays.

Organisation de l'Armée du Nord

CE QU'EN DIT LE RAPPORT DES MARCHÉS CONCLUS A LILLE.

L'Armée du Nord, dit le rapport (80), a bravement fait son devoir, cette armée de mobiles et de mobilisés qui manœuvrait par un hiver aux exceptionnelles rigueurs, avec un équipement contre lequel protestaient les officiers, avec des armes à peine bonnes pour un service de garde.

Dans l'espace de six semaines, à côté des troupes régulières mieux équipées et mieux armées par l'administration militaire et constituaient le noyau de la résistance, elle a pris part à trois batailles considérables, dont les deux premières au moins, *Pont-Noyelles* et *Bapaume,* ont été deux succès. Notre armée conservait chaque fois ses positions, et la disproportion numériquement écrasante des forces ennemies, l'empêchait seule de retirer tous les avantages de ses efforts.

Ces jeunes troupes, créées, pour ainsi dire, sous les yeux et à la grande surprise des Allemands, ont évité aux contrées du Nord, les désastres de l'invasion.

Après cet hommage, que nul ne sera tenté de contredire, il faut rappeler que l'honneur d'une pareille campagne revient aux hommes sortis de notre armée régulière, aux généraux *Faidherbe, Fare,* au colonel *Villenoisy,* à ces représentants de notre vieille armée. (81)

Ce que firent le Préfet

ET LA PRÉFECTURE DU NORD.

. . . .
. . . .

J'espérais, dit M. Pierre Legrand, — ancien préfet du Nord, à M. le comte de Ségur, député, au sujet des marchés du Nord, — que vous auriez parlé de notre Préfecture, une des plus importantes de France, continuant les travaux administratifs alors que les circonstances l'avaient transformée en une véritable intendance, sans augmentation de personnel ni de cadres.

J'espérais que vous auriez rappelé qu'en moins de six semaines, la préfecture du Nord avait mis sur pied une armée de *trente mille* hommes (*), alors qu'elle n'avait en magasin aucun vêtement, dans ses arsenaux aucune arme, et qu'il avait fallu improviser cette organisation en présence de l'ennemi.

J'espérais enfin, Monsieur, que vous auriez tenu compte de tous nos efforts, vous auriez pu rappeler que

(*) Mobiles et Mobilisés.

loin de nous occuper de politique, nous nous étions faits exclusivement les agents du gouvernement qui portait le noble titre du *Gouvernement de la Défense nationale.*

Nous n'avons destitué aucun fonctionnaire, nous avons accepté le concours de tous les vrais Français sans distinction de parti. Nous avons partout énergiquement maintenu l'ordre et fait respecter la loi ; nous avons aidé de toutes nos forces et de toutes nos ressources à la formation de la courageuse armée du Nord.

J'espérais que vous auriez reconnu tout cela, je ne vous demandais aucun éloge, je ne désirais que la constatation matérielle des faits, et alors, monsieur, j'aurais volontiers accepté vos critiques, car sachez-le bien, je n'ai jamais eu la prétention d'être infaillible, mais j'ai trouvé que vous n'aviez pas fait une part suffisante à nos efforts, et j'ai tenu à vous le dire.

Veuillez agréer, etc.

Pierre LEGRAND.

Dernier rôle de l'Armée du Nord

VILLE DE SAINT-QUENTIN (AISNE).

Avant de parler du dernier rôle de notre brave armée du Nord, et de sa défaite, disons un mot de cette cité vraiment patriote.

La ville de Saint-Quentin ou plutôt sa garde nationale, à la tête de laquelle se trouvait le valeureux préfet de l'Aisne, M. Anatole de La Forge, a aussi, à la première arrivée des Prussiens, combattu glorieusement, elle eut l'insigne honneur d'être nommée la *Ville des braves*. L'armurier Bosquette, l'un de ses héros, était un des meilleurs tireurs : sa tête fut mise à prix par l'ennemi. Il faisait partie d'une compagnie franche.

Tous ceux qui ont assisté à la bataille de Saint-Quentin *(19 janvier 1871)* savent parfaitement que nos enfants du Nord furent victorieux, avec le brave Faidherbe jusqu'au moment de la soirée où arriva un renfort prussien, détaché des lignes de l'investissement de Paris, fort de cinquante à soixante mille Allemands, ce qui permit à ces derniers de rester maîtres du champ de bataille.

La bataille était perdue, mais la défense avait été héroïque. Le premier bataillon comptait 30 morts et 85 blessés ; le second 12 morts et 29 blessés ; les autres bataillons, sans être éprouvés autant, avaient également subi des pertes sensibles.

A. DEVIENNE,
Souvenir d'un Mobilisé lillois. (*)

Bataille de Saint-Quentin

19 JANVIER 1871.

L'illustre général Faidherbe, dans son beau livre : *La Campagne de l'Armée du Nord,* a décrit, avec une précision remarquable, l'ensemble de la bataille de Saint-Quentin. Voici sur nos bataillons auxiliaires les renseignements qu'il a pu nous donner :

(*) Voir pour plus de détails, *La Campagne de l'Armée du Nord,* du général Faidherbe.

Dans ce combat sanglant, le 7ᵐᵉ bataillon du 48ᵐᵉ de mobiles, presque complétement composé de Lillois, déploya la plus grande valeur et subit des pertes énormes. L'un des procés-verbaux de la Société de secours aux blessés, constate que ce bataillon, porté plusieurs fois à l'ordre du jour de l'armée, a eu, à la suite de huit jours de combats, en l'espace de sept semaines, 172 blessés et 74 morts, c'est-à-dire, prés de la moitié de son effectif à son entrée en campagne.

De même que leurs compagnons d'armes de la mobile, les mobilisés de Lille se battirent à Saint-Quentin avec un courage digne de meilleurs résultats.

Pendant six heures, les trois bataillons se maintinrent dans leurs positions, en dépit des nombreuses colonnes ennemies qui les écrasaient et des renforts que celles-ci recevaient à chaque instant de Péronne.

Les 2ᵉ et 3ᵉ bataillons, chargés de défendre le village de Francilly, luttèrent héroïquement durant cinq heures contre des forces trois fois supérieures. Le 3ᵉ bataillon (commandant Morazzani) renforcé de trois compagnies du 2ᵉ, fut chargé, dés le début du combat, d'aller reconnaitre la position du côté de Selency. Cette reconnaissance ayant démontré que l'entrée de Francilly n'était que faiblement défendue, six compagnies envoyées à l'extrémité du village sont disposées à droite et à gauche de la route par laquelle l'attaque semble devoir se produire. Les haies, les abris de toute nature sont transformés en embuscade, on commence à profiter des leçons apprises pendant cette rude campagne.

Ces dispositions prises, le commandant Morazzani envoie la 7ᵉ compagnie du 2ᵉ bataillon reconnaître à nouveau la position. Cette compagnie est reçue par le feu de mousqueterie, trés-nourri de deux colonnes prussiennes qui viennent d'arriver à Sélency et la poursuivent jusqu'à un kilomètre de Francilly, où elle laisse un certain nombre d'hommes sur le terrain. Dans ce mouvement de retraite, qui coûta cher à la 7e compagnie, le 3e bataillon ne fut malheureusement pas démasqué à temps, ce qui l'empêcha de riposter de suite au feu de l'ennemi. Mais dès qu'il put entrer en ligne, un feu bien nourri et parfaitement bien dirigé força plusieurs fois les Prussiens au silence.

Pendant deux heures, le feu fut très-vif de part et d'autre, et les deux bataillons, solides comme de vieilles troupes, ne cédèrent pas un pouce de terrain à l'ennemi. Celui-ci voyant enfin ce côté du village inabordable, imagine de le tourner par la gauche. Le commandant Dezwarte fait construire immédiatement une barricade à l'extrémité du village. il se porte ensuite aux endroits les plus faibles et les défend pendant plusieurs heures avec acharnement. Enfin, après une lutte désespérée où les hommes des 2e et 3e bataillons ont épuisé leurs dernières cartouches, l'ennemi pénètre dans le village par quelques passages que notre effectif insuffisant ne permettait pas de défendre.

Il faut songer à la retraite. Les deux bataillons prennent par des directions différentes le chemin de Saint-Quentin. A environ un demi-kilomètre de Francilly, un cri s'élève dans le 3e bataillon : « La batterie du Finistère, restée en arrière, va tomber au pouvoir de l'ennemi ! » Sans hésiter un seul instant, le commandant Morazzani fait faire demi-tour et revient aux positions de combat, où son bataillon prolonge la résistance au milieu d'un feu terrible, jusqu'à ce que la batterie soit sauvée. A une lieue de Francilly, lorsque les débris ralliés furent pendant quelque temps hors des atteintes de l'ennemi, le capitaine Benoît, chef de l'héroïque batterie du Finistère, vint remercier les larmes aux yeux, le commandant Morazzani et dit au lieutenant-colonel Loy : « Mon colonel, ma batterie est sauvée grâce à votre 3e bataillon. »

Le 1er bataillon, auquel on avait adjoint une compagnie du 2e bataillon pour remplacer la 1re compagnie des volontaires, laissée aux bagages avait pris position au commencement de la bataille dans le bois de Savy, situé à un kilomètre environ de Francilly. Bien que très-court, le trajet jusqu'au bois, dans des terres fortement détrempées, fut très-pénible. Les hommes étaient anéantis par des marches excessives des jours précédents ; on enfonçait jusqu'à la cheville dans ce terrain mouvant, où beaucoup laissèrent les derniers débris de leurs chaussures.

Vers huit heures, les premiers obus commencent à tomber, mais ils sont moins meurtriers en général qu'à Bapaume. La plupart s'enfouissent dans les champs boueux sans éclater. En revanche, ceux qui tombent dans le bois y font d'énormes ravages.

Les balles commencent à siffler fortement et coupent les branches qui nous balaient la figure en tombant. A côté de nous, un camarade est frappé mortellement d'une balle au cœur. D'autres, blessés, sont transportés péniblement à l'ambulance par des hommes de leur escouade.

Le commandant Levézier qui est allé, seul, reconnaître la position, revient commander un mouvement en arrière. Il laisse dans le bois les 2e, 7e et 8e compagnies et fait prendre position au reste du bataillon entre le village et le bois.

Mais l'ennemi gagne du terrain sous la futaie et nous

fusille à cinq cents mètres. Le commandant rassemble vivement les groupes épars, les reforme en bataille et les dirige à nouveau dans le bois où la fusillade devient terrible. Forcés de nous replier, nous voyons au loin un autre corps d'armée ennemi qui, nous prenant en flanc, décide du sort de cette partie de la bataille. Les uns sont faits prisonniers, les autres se replient sur Saint-Quentin, prolongent la résistance à Rocourt et ne suivent le mouvement rétrograde de l'armée, qu'après avoir été délogés par une batterie ennemie, installée à l'extrémité de la route.

Pour mieux apprécier ce fait, relisons ensemble la *dépêche de Gambetta* à *Jules Favre* et à *Trochu*, l'ex-gouverneur de Paris, nommé par l'empire, alors chargé des forces et de la défense de la Capitale, elle servira à jeter un peu de lumière sur cette sombre défaite.

Cause probable de la défaite

DE L'ARMÉE DU NORD A SAINT-QUENTIN

GAMBETTA A JULES FAVRE ET TROCHU.

« Bordeaux, le 13 janvier 1871.

» Je vous ai envoyé hier une dépêche exclusivement militaire qui, en retraçant la situation respective des forces du général Bourbaki dans l'Est, et du général Chanzy sur la ligne du Mans, annonçant pour le *vingt,* au plus tard, un ensemble d'opérations militaires convergeant sur Paris avec *la coopération de Faidherbe,* (83) et les forces réunies dans la Seine-Inférieure sous le commandement du général Loysel, ensemble un total de *quatre cent vingt mille hommes.* Nous vous adjurions à cette date *(onze janvier)* de faire une immense sortie sans esprit de retour, de telle sorte qu'après ce vigoureux effort, Paris fût débloqué *ipso facto — par le fait,* ou abandonné à lui-même.

» Dans cette dernière hypothèse, la France y gagnait une armée auxiliaire décisive pour la continuation de la lutte. Depuis hier, les choses ont changé de face. Le général Chanzy, accablé par des forces supérieures s'est vu contraint de céder la ligne du Mans, pour se concentrer à nouveau entre Laval et Alençon. Ce douloureux revers, qu'il faut supporter comme les autres avec un front d'airain, n'est que le résultat d'une manœuvre audacieuse dont il vous appartient exclusivement de profiter.

» En effet, profitant du bombardement et de l'effet bruyant qu'ils font sur votre ville, les Prussiens vous ont laissé devant un rideau d'artillerie, et ont emmené : 1º près de *deux cent mille hommes* sur Chanzy, empruntés au segment qui va de Mantes à Orléans ; 2º *cent mille hommes* qu'ils font marcher à grande journée à travers l'Auxerrois et la Bourgogne, sur Bourbaki. Vous n'avez jamais été investi par des forces moindres. Quant à croire, comme l'ont dit l'émissaire *Rousseau* et la lettre du général Trochu que j'ai reçue ce matin, que vous êtes entourés par *un triple cercle de fortifications,* c'est là une illusion qui peut-être fatale à la cause de la France et de la République. Cette illusion rappelle les effrayantes erreurs des assiégés de Metz. Vous n'avez devant vous, en fait d'ouvrages fortifiés, que ceux que vous apercevez et où sont installées les batteries qui vous couvrent de feux ; au-delà, il n'y a rien. Nous avons fait parcourir et visiter minutieusement par un officier du métier, qui nous en a rapporté un plan graphique, des lignes prussiennes, et c'est en toute certitude que nous affirmons qu'il n'existe rien de pareil.

En conséquence, agissez au plus vite, vous ne retrouverez peut-être jamais cette occasion libératrice. Nos armées feront les plus héroïques efforts pour retenir les troupes prussiennes détachées du siége, pour venir les écraser : ne donnez pas à ces troupes, si la fortune nous est contraire, le temps de remonter vers Paris. Nous continuerons à *faire presser au Nord, à l'Est et à l'Ouest les forces prussiennes.* Il vous appartient de chercher les défauts de la cuirasse, car il en est certainement plus d'un. Vous avez le choix du lieu, mais songez que bientôt vous n'aurez plus le choix de l'heure.

> » Salut fraternel,
> » *Signé :*
> » Léon Gambetta. » (84)

Hommage rendu

AUX BRAVES TOMBÉS A PONT-NOYELLES.

Le 4 mai 1873, on érigea un monument commémoratif aux morts de la brave armée du Nord. Ce monument dû à la direction intelligente de M. Dicthoit de Lille. La forme en est simple et sévère ; un cône de tronc surmonté d'une croix et reposant sur un soubassement carré ; sur chaque face, des inscriptions sur des plaques de marbre rappellent la date du 24 décembre 1870, avec le nom du général Faidherbe et les divers corps de troupes qui ont pris part à la bataille. Au-dessus de la corniche, le monogramme *R. F.* encadré de palmes, rappelle que c'est la France républicaine qui a livré *cette bataille où nos armées ont reconquis leur prestige.* » (85)

Discours patriotique

PRONONCÉ LE JOUR DE L'INAUGURATION DU MONUMENT

DE PONT-NOYELLES.

Le 4 Mai 1873, M. Réné Goblet, député de la Somme, prononça, à l'inauguration du monument qui rappellera, à Pont-Noyelles, aux jeunes générations, la bataille et le dévouement de l'armée du Nord et celui du brave général Faidherbe qui la commandait le 24 décembre 1870, le discours suivant :

« En ma qualité d'élu du département, qu'il me soit permis de dire à mon tour, en quelques mots, les sentiments que m'inspire cette solennité.

» Les hommes que nous honorons aujourd'hui ont fait à la patrie le plus grand sacrifice que les citoyens lui doivent. Ainsi que ce monument le rappelle, ils sont morts pour elle en la défendant. Il était juste que leurs noms ne fussent pas seulement conservés dans nos mémoires et que l'inscription gravée sur ce marbre les transmit aux générations futures.

» Mais il est un autre nom que vos cœurs, j'en suis sûr, ont évoqué en même temps que le mien ; c'est celui du vaillant général qui a conduit ces soldats au combat et que j'aurais aimé à revoir sur le champ de bataille qu'il a illustré : Faidherbe, lui, n'avait pas désespéré de la France ; c'est pour cela que nous l'avons vu à la tête d'une petite armée, à peine instruite et équipée, tenir, pendant plus de deux mois en échec un ennemi supérieur par l'organisation comme par le nombre.

» Par lui et par tous ceux qui ont combattu sous ses ordres, ces lieux sont devenus désormais historiques. Nos annales diront la glorieuse résistance de Pont-Noyelles, elles diront l'héroïsme de ce peuple de France qui, trompé dans la confiance qu'il avait mise en son gouvernement, surpris par la guerre la plus redoutable et la moins préparée, n'a voulu céder avant d'avoir tenté les derniers efforts.

» Messieurs, depuis deux ans on vous a plus d'une fois répété que ces grands sacrifices avaient été inutiles et qu'ils n'avaient fait qu'aggraver les désastres de la patrie ; vous ne l'avez pas cru, la vérité n'est pas là. Si la France, abattue avant d'avoir eu le temps de se reconnaître, n'a pu se relever victorieuse, si tant d'efforts ont abouti à une paix onéreuse et à la perte de deux provinces — l'Alsace et la Lorraine — cette lutte désespérée n'a cependant pas été stérile.

» Elle n'a pas seulement sauvé l'honneur de la France ; elle a fait plus en lui gardant intact le dépôt de ces nobles sentiments par lesquels les peuples vivent comme les individus, l'amour de la patrie, la conscience du devoir accompli. Le corps de la patrie peut avoir été mutilé, mais son âme, j'en atteste tous ceux qui m'écoutent, son âme vit toute entière.

» Dites, messieurs, croyez-vous que la France aurait supporté un lâche abandon d'elle-même, une capitulation hâtive, comme elle a fait de cette glorieuse défaite ! Si depuis deux années, malgré tant de malheurs accumulés, malgré la présence de l'ennemi sur notre territoire, nous avons pu reprendre confiance, si nous nous sommes remis au travail avec courage pour payer notre rançon, si nous y sommes parvenus avant l'heure fixée par les traités, si cette vitalité qui est en nous se traduit de toutes parts dans nos finances, dans l'agriculture et l'industrie, dans notre armée qui se réforme animée d'un souffle nouveau, n'est-ce point parce qu'une nation qui a fait virilement son devoir sent bien qu'elle peut avoir été momentanément vaincue par les circonstances (86), mais qu'elle a droit de compter sur ces justes retours que la fortune, disons mieux, que la Providence réserve à ceux qui n'ont pas fléchi sous ses coups ?

» Voilà ce que nous devons à ce gouvernement qu'on a si justement appelé le *Gouvernement de la Défense nationale,* ce que nous devons à tant de braves gens morts pour cette noble cause.

» Saluons-les, messieurs, retenons les exemples qu'ils nous ont légués, envoyons-leur l'élan de notre reconnaissance dans ce moment solennel, car ils sont pour une grande part dans la libération anticipée du territoire qui va rendre notre pays à lui-même.

» Saluons aussi l'homme illustre dont le patriotisme et l'habileté ont conduit à bonne fin l'œuvre de la délivrance que la nation lui avait confiée. Gardons-lui dans l'avenir une confiance si bien justifiée par les services rendus, mais surtout apprenons à compter sur nous-mêmes, et ne perdons jamais de vue la leçon que ce monument nous donne.

» C'est pour s'être abandonnée à un homme que la France a manqué de périr.

» Souvenons-nous que c'est le gouvernement de tous,

la République, qui répare les malheurs causés par un gouvernement personnel et que nous ne pouvons être assurés de redevenir une nation libre, heureuse et puissante qu'à la condition de n'abdiquer jamais nos droits et nos devoirs de citoyens !

» C'est ainsi, c'est en rendant fécond pour la patrie leur sacrifice, que nous honorons véritablement la mémoire de ceux qui dorment là. »

Ces paroles ont vivement ému la foule ; elles ont été accueillies par les cris répétés de :

Vive la France ! Vive la République !

Discours

PRONONCÉ A LA CÉRÉMONIE FUNÈBRE DE SAINT-QUENTIN,

PAR M. BRIATTE-CARLIER,

le 19 Janvier 1872.

« Messieurs,

» Etranger à cette localité et dans une sphère des plus modeste, nous ne pouvons nous croire assez autorisé pour prendre la parole en cette imposante solennité, comme d'ailleurs notre voix faible, impuissante, seule pourrait suffire pour nous commander de nous en abstenir.

» Cependant si nous voulons accéder aux désirs que viennent de nous réitérer grand nombre de personnes recommandables de nos contrées, de ces personnes ici présentes et qui partagent nos propres aspirations, nous devons solliciter le pouvoir de les exprimer devant l'honorable assemblée au milieu de laquelle nous avons l'occasion de nous trouver en ce moment.

» C'est ainsi, messieurs, que nous vous demandons la permission de vous dire le plus succinctement possible :

» Non, nous ne pouvons contenir dans les replis de notre âme, les sentiments de la profonde affliction dont nous sommes pénétrés, pour la perte de nos compatriotes qui ont succombé au champ d'honneur, ici, il y a un an, à pareil jour, à pareille heure.

» Nous ne pouvons, non plus, y contenir l'accent de notre légitime indignation, pour un trop orgueilleux vainqueur, et toute l'armée d'un peuple ingrat qui, durant de longues années, et naguère encore, obtenait sans cesse asile et assistance sur la terre hospitalière de la généreuse France.

» Habitants de Saint-Quentin et des communes circonvoisines, vous aussi, vous surtout qui, dans vos régions, avez tant souffert des horreurs d'une guerre cruelle, avec un implacable ennemi, en ce jour solennel, le premier anniversaire, pour perpétuer la mémoire des braves qui sont morts glorieusement, pour défendre vos foyers et repousser de nous les envahisseurs.

» Nous sommes venus nous associer à vos regrets, à vos larmes, à celles de tant d'autres, par toute la France qui ont ici à pleurer un ami, un parent, un époux, un frère.

» Mais vous nous y voyez aussi pour prouver notre amour, notre reconnaissance au grand général, aux braves soldats, aux courageux mobiles qui prirent une part si glorieuse aux sanglantes batailles de deux journées successives autour de cette ville.

» Intrépide Faidherbe (*), tu n'es point ici, tu n'y peux recevoir par toi-même notre tribut d'admiration pour la bravoure dans les périls et les combats ; mais des plages lointaines où ta mission t'appelle, tu apprendras bientôt · nous en avons l'espoir, quelle est pour toi, dans notre cœur, notre profonde affection, notre parfaite gratitude.

» Quand notre commune patrie, abattue, consternée sous le poids des désastres incomparables jusqu'ici dans nos annales, quand un prince parjure devenu empereur, tomba traîtreusement comme il sut commencer, par une foule d'ignominies, remit lâchement à la discrétion d'un farouche vainqueur, sa personne, son épée, une vaillante armée, c'était déjà, pour la nation le plus navrant spectacle.

» Quand ensuite Metz, la pucelle, et nos formidables phalanges qui l'environnaient, subirent un sort aussi cruel, soit par l'indifférence, l'incapacité, la trahison ou les desseins cachés d'un chef dont nous n'avons point mission d'examiner ici la conduite inconcevable, mais à qui le pays, tôt ou tard devra, saura en demander un compte exact et sévère, dans quelle affreuse situation il. a plongé la France ! (**)

» Des hommes de cœur avaient su, d'une main ferme et fidéle, prendre et tenir les rênes du gouvernement, tenter de résister à la marche effrayante d'un nouvel Attila, et si dans le cours de la tempête, leurs efforts surhumains furent impuissants pour détourner l'orage, ils furent du moins les héros du courage et de l'honneur s'ils ne furent ceux de la victoire.

(*) Enfant du Nord et Lillois.
(**) La loi, l'histoire et l'opinion publique ont fait entendre leur voix depuis cette époque.

» Quels que soient d'ailleurs sur ce point les avis différents d'aveugles ou plutôt d'injustes et intéressés contradicteurs.

» Et toi, Faidherbe, tandis que ceux-là rivalisaient d'ardeur et d'abnégation pour enfanter, organiser des armées nouvelles, toi, nuit et jour tu veillais attentivement à défendre nos contrées.

» A Pont-Noyelles, à Bapaume, ici à Saint-Quentin, avec de faibles troupes, de jeunes recrues mal armées, peu aguerries, mais électrisées par ton exemple, sans relâche, tu prouvais savoir voler à la victoire ou à la mort.

» A Saint-Quentin, vainqueur le premier jour, tu ne dus, le deuxième, vers la fin, opérer une retraite habile et précipitée, qu'en présence des renforts considérables arrivés à nos ennemis à l'heure suprême où ton courage héroïque et celui de tes valeureux combattants leur faisaient courir les plus grands dangers d'être battus, anéantis.

» O chers compatriotes, trop souvent trompés, dans vos espérances, trop fréquemment égarés pour notre bonheur commun, que cette terrible expérience, dans nos malheurs, suffise pour vous instruire !!!

» Puissent nos derniers revers qui aménent ici tant de Français, tant de familles en deuil, puissent-ils, du moins, vous être salutaire, pour le présent et l'avenir, de mieux choisir vos gouvernants.

» A ce sujet, souffrez, souffrez un simple regard, sur un passé peu éloigné :

» Quand, il y a vingt ans et plus, un monarque pacifique, mais égaré par de pernicieux conseils, prit le chemin de l'exil, le titre de citoyen et le suffrage universel sous la forme la plus large, vous furent sitôt octroyés par la nation érigée en République.

» Mais, peu après, quel usage en sûtes-vous faire ?
comme un enfant ingrat et rebelle, qui méconnaît celle
à qui il doit le jour, dès qu'il peut s'en éloigner ; presque
en même temps, poussé par un fatal génie, le peuple
répudia sa mère, pour acclamer et qui encore... ? non
point un homme sage, éclairé, recommandable, justement considéré, mais un aventurier qui, par la menace
et la terreur, sut s'imposer empereur et supplanter cette
République qui l'avait trop généreusement pardonné,
un intrigant bien connu, et dont les antécédents déplorables eussent dû, à toujours, le rendre indigne de revoir
notre commune patrie.

» Oui, Français, pour avoir trop aveuglément abandonné, oublié vos droits au profit d'un audacieux César,
et qui ne sut servir encore que pour vous mieux trom-
per, vous conduire fatalement sur le bord de l'abîme.
Qu'avons-nous, que voyons-nous maintenant ??? Nos
provinces envahies et démembrées, accablées d'impôts
et humiliées ; aujourd'hui réduites à boire la coupe
d'amertume jusqu'à la lie, sous le joug accablant d'un
inexorable vainqueur ! ! !

» Cependant ayons confiance, et confiance pleine et
entière, à l'aide de son génie, notre nation, nous en
avons la certitude, notre nation saura comme il y a des
siècles où elle fût encore si cruellement éprouvée, saura
se relever de ses désastres, reprendre son antique
splendeur parmi les plus grandes, les plus généreuses
du monde entier.

» Aussi désormais, pour nous, il s'agit de savoir
mieux comprendre nos droits, nos devoirs, nos intérêts,
de mieux choisir pour les représenter, des hommes sincères, justes et vertueux, capables de savoir aimer loya-
lement, servir la France, sous le régime républicain

qu'est venue forcément vous restituer la fatalité des évé-
ments.

» Par votre union, par un respect sincére pour la religion, pour vos semblables, les biens, les droits de chacun, montrez que vous êtes véritablement dignes du
suffrage universel, et que vous méritez la noble majesté
du peuple souverain.

» Unissez-vous, au besoin, pour combattre tous nouveaux prétendants qui, sous les apparences trompeuses
de vous aimer, de soigner vos plus chers intérêts, ne
craindraient point de nous amener de nouvelles catas-
trophes, pour satisfaire uniquement leur orgueil, leur
ambition à leur profit particulier, et à celui d'une foule
de courtisans, toujours mus par les appas des priviléges
et des faveurs, au détriment du seul mérite et de la justice.

» Et vous, innocentes victimes d'une guerre horrible,
si légérement entreprise par un gouvernement téméraire
et imprévoyant, du haut des cieux où le mérite de votre
sang versé, le sacrifice de votre vie pour la patrie, ont
dû déjà, depuis un an, vous faire trouver place, voyez
cette foule immense de parents et d'amis accourus de
toutes parts, pour rendre à votre mémoire, le plus beau,
le plus pur, le plus digne hommage.

» Voyez où nous a plongés la politique tortueuse,
inextricable de deux souverains plus ambitieux d'une
vaine gloire que du bonheur, de la vie de leurs peuples !

» Avec nous, demandez à l'Etre suprême, que désormais, et pour toujours, la France soit en paix, heureuse
et prospére, sous une grande et belle République, admirée et respectée de toutes les nations de l'univers.
Demandons-lui encore ensemble de nous conserver

encore longtemps, au sommet du pouvoir, le citoyen illustre et les dignes ministres qui se dévouent pour le salut de la patrie.

» Et, dans ses desseins secrets pour le bien de la justice et de l'humanité, daigne la Providence, nous faciliter de ravoir un jour, les belles provinces de l'Alsace et de la Lorraine, si cruellement arrachées à la grande famille, éprouvées par les tortures d'un impitoyable vainqueur.

» Non jamais, au grand jamais, n'oublions les braves et malheureux habitants de ces provinces ; car, avec les yeux baignés de larmes, sans cesse ils nous regardent, sans cesse nous tendent les bras ! ! !

» BRIATTE-CARLIER. » (*)

Le capitaine Henri Coquelet

DU 2me CHASSEURS A PIEDS, MORT D'UNE BLESSURE

REÇUE A VILLERS-BRETONNEUX

Le 7 décembre 1872, un jeune et patriotique enfant de Molière, M. Bénistan, de passage au Quesnoy, arrondissement d'Avesnes (Nord), avec la troupe Rancy, fit le discours suivant et le prononça sur la tombe du jeune et brave capitaine, au milieu d'une foule émue et recueillie :

(*) Un monument a été érigé aux victimes de la guerre, à Saint-Quentin, le 19 Janvier 1876, dans le cimetière de la Ville. *(Voir l'Appendice.)*

« Que dirai-je ?... Ferai-je sa biographie ?... Mon Dieu ! non... Passons sous silence les détails insignifiants de sa vie, je ne parlerai que de ses faits sur le champ de bataille, que de sa fermeté, de sa résignation sur le lit de souffrance. Ne sont-ce pas le péril et l'adversité qui donnent la juste mesure de la grandeur d'âme d'un homme ?... Et louer la vaillance d'un soldat n'est-ce pas adresser une belle oraison funèbre ?...

» Au sortir de l'école de Saint-Cyr, il entre comme sous-lieutenant au 53ᵐᵉ de ligne. Intelligent, déterminé, plein de cœur, tout en lui révéle le vrai militaire. Il pousse un cri de joie, d'espérance et d'enthousiasme à la déclaration de cette fatale guerre *(18 Juillet 1870)*, qui devait, hélas ! trahir son courage, mettre à nu son noble cœur, ses aptitudes et coûter tant de larmes aux parents, amis et citoyens réunis aujourd'hui autour du cercueil d'un des glorieux fils de la France écrasée.

» Blessé dans les plaines de Sedan et prisonnier, grâce à l'usurpateur qui faisait marché de tant de braves gens, il s'échappe des mains des Prussiens, au risque d'être passé par les armes et revient au foyer paternel. Henri Coquelet, sous-lieutenant, va profiter sans doute de ses blessures, s'en faire un bouclier derrière lequel, bravant les chances meurtrières du conflit, il attendra la paix.... Qu'aurait-on pu lui reprocher, en définitive ? N'avait-il pas déjà versé son sang pour la patrie ? On ne pourrait, après tout, que l'honorer et le récompenser !... L'avenir est à lui !... Mais notre héros, ne s'en tiendra pas là ! Le patriotisme l'anime de son feu sacré.... Il fut, voyez-vous de ces parfaits et rudes soldats, malheureusement trop rares de nos jours, et que la mort a si peu respectés, précisément parce qu'ils la tentaient plus que les pusillamines.

L'armée du Nord, ce suprême effort, ce suprême espoir du pays envahi est là qui lui tend les bras. Impatient, honteux même d'une inaction si bien motivée, si
honorable pourtant, il redemande, il reprend du service. Il est à demi épuisé, ses blessures sont à peine
cicatrisées ; dans deux ou trois jours, à la première étape elles redeviennent sanglantes... qu'importe ! Il veut
courir sus aux Prussiens. Il veut combattre jusqu'au
bout. Que voulez-vous ? Il aime la France, lui !... C'est
une seconde mère, il vole à son aide avec ardeur, avec
foi, il la défendra jusqu'au dernier souffle !....

» Qu'il fut beau à Villers-Bretonneux !... Quel élan il
donne aux hommes qu'il commande !... En avant, toujours en avant de ce bataillon du 2me Chasseurs à pieds
qui fut porté à l'ordre du jour, à qui d'ailleurs reviennent tous les honneurs de cette bataille aussi honteuse
pour l'ennemi que grande et inégale pour cette poignée
de soldats français. A la tête de ces jeunes soldats, dont
la plupart, de son propre aveu, n'avaient pas fait sept
fois l'exercice, il maintient, repousse même pendant
quelques heures les Prussiens amassés là, douze contre
un. Un caporal tombe à ses côtés... Il s'empare de son
fusil, de ses cartouches ; son épée ne lui suffit pas ; il ne
peut pas faire assez de mal à l'ennemi... Comme un
lion, mais calme, il tire sur les Prussiens à droite et á
gauche. Un mamelon, un ouvrage en terre, est là, défendu par *cinq mille* Allemands... Il faut s'en emparer
c'est l'ordre. « *Sonnez la charge!* » crie Henri Coquelet
au clairon. — « *Bayonnette au canon!* » crie-t-il aux
Chasseurs décimés... ils ne sont guère que *quatre-vingts
hommes*. La charge sonne ! Henri Coquelet, six mètres
en avant, monte à l'assaut. La mort, dont sans doute tant
d'intrépidité irritait les regards, vint alors le frapper, mais

sans le foudroyer. Il ne devait quitter la terre qu'après avoir mieux laissé juger son énergie, sa grandeur de volonté.

Depuis l'heure où la main brisée par une balle, et réunissant toutes ses forces, il appuyait le chassepot sur le bras blessé et envoyait encore aux Prussiens sa dernière cartouche, que de souffrances poignantes ! que de tortures morales et physiques !

» Demandez à son père, à son frère... ; demandez à sa mère, cet ange d'abnégation ; demandez-leur quel fut l'héroïsme de ce brave jeune homme. Noble enfant ! il se voyait partir à la fleur de l'âge ; il se voyait brutalement arrêté au seuil d'une carrière si glorieusement commencée et qui s'ouvrait si belle devant lui. Mourir à 26 ans ! Capitaine, Chevalier de la Légion d'honneur ; avoir tout pour soi : fortune, intelligence, bravoure et gloire ; avoir tant souffert et mourir à 26 ans ! Ah ! c'est navrant !

» Adieu, Henri Coquelet ! Adieu, soldat martyr du sol de la patrie ! Nous vous remercions pour la France, pour l'armée comme pour nous-mêmes. La France vous est redevable de votre sang. L'armée vous doit, à vous ainsi qu'à vos frères en valeur et en dévouement, d'avoir atténué la honte des lâches et des vendus (87). Merci pour nous enfin, qui sommes aussi fiers de nous dire vos concitoyens que désespérés de vous avoir perdu.

» Hommage à vous, Henri Coquelet ! hommage à vous dont l'exemple, mieux que les paroles, flétrit les ineptes et les fanfarons ! Hommage à vous qui n'étiez pas de ceux qui tremblent ou qui pérorent, mais de ceux qui se sacrifient et se battent. Votre corps est là insensible et glacé, c'est vrai, mais votre souvenir, ami, est immortel : il doit vivre dans nos cœurs. Et quand nous voudrons qu'ils admirent la bravoure et portent respect à l'héroïsme, nous leur citerons le nom du capitaine Henri Coquelet, mort au champ d'honneur, et nous vous saluons pour un brave !

» Adieu ! Henri !... Adieu ami, adieu ! » (88)

Les deux braves du 2ᵐᵉ Hussards

DE SAINT-JULIEN ET LÉON DELCOURT. (*)

Le 1ᵉʳ Février 1874, ont eu lieu l'inauguration et la bénédiction d'un monument commémoratif du combat du 27 Janvier 1871, élevé sur le pont de la commune de Cellettes (Loir-et-Cher).

Une foule nombreuse et recueillie, dit le *Journal de Loir-et-Cher,* assistait à cette cérémonie que dirigeaient les autorités. La compagnie de Pompiers, dont la bonne tenue a été fort admirée, servait de garde d'honneur au cortége, et la Fanfare de Cellettes joignait aux chants pieux des mélodies guerriéres.

Au pied du monument, M. le Maire a prononcé les paroles suivantes :

« Messieurs,

» En inaugurant ce modeste monument dû à la générosité des familles de Saint-Julien et Delcourt, à la sous-

(*) Ce dernier, fils de l'ancien et respectable receveur des contributions indirectes au Quesnoy, en 1874.

cription des officiers du 2me régiment de Hussards, et enfin au bienveillant concours de la caisse municipale, deux souvenirs s'offrent à notre esprit. Souvenir pénible et poignant d'abord, c'est le tableau de l'invasion de nos demeures et des tristes jours passés sous l'étreinte humiliante de l'ennemi. L'autre souvenir est consolant pour nous, c'est celui du grand acte de courage accompli par ces généreux soldats du 2me régiment de Hussards, et accompli aussi par vous mes chers concitoyens. N'oublions d'ailleurs jamais la protection de Dieu, toute spéciale pour nous, en ces tristes circonstances, et élevons nos cœurs vers lui dans un élan de reconnaissance.

» Le 27 janvier 1871, le détachement dont faisaient partie MM. de Saint-Julien et Léon Delcourt, nous est signalé à quelques kilomètres de Contres. En même temps nous voyons arriver les Prussiens qui construisent à la hâte une forte barricade à l'entrée du pont, et s'apprêtent à en défendre le passage. Les Français sont prévenus que l'ennemi les attend à l'abri de son retranchement. N'importe, un seul cri, le cri du soldat de la France sort de toutes les poitrines : « *En avant !* » Et les voilà ces intrépides cavaliers, dont les chevaux glissent sur le verglas, qui se précipitent... Ils reçoivent sans pouvoir riposter, une décharge meurtrière. Là même, ont été frappés ces deux fiers enfants de la France, l'honneur de leur famille, l'orgueil du régiment. Tous deux, martyrs du devoir, sont tombés dans la grande lutte et sont enveloppés dans le linceul de cette gloire douloureuse.

» Mais grâce à ce monument, leur souvenir sera éternel comme leur exemple. Honneur à Saint-Julien ! honneur à Delcourt ! Que chacun de nous, en passant, leur octroie salut et prière.

» Honneur à notre pasteur bien-aimé ! car il était là le premier, oublieux des dangers, assistant ces nobles mourants. Il ne manquait plus au dévouement de sa vie que la consécration des combats. Cette consécration est maintenant un titre nouveau à notre amour.

» Honneur à vous aussi, mes chers concitoyens ! C'était le lendemain de cette funébre attaque, le 28 janvier. Dès le matin, on nous annonce le passage de l'armée française. Nous tremblons de voir un nouveau désastre. Une personne charitable et généreuse nous conseille de joncher de terre l'endroit où la gelée a rendu la route si dangereuse pour la cavalerie. De suite, nous faisons appel au zèle des habitants Chacun se hâte, s'empresse d'accourir à notre voix. On pouvait être cerné, pris entre deux feux ; personne ne fit ce calcul. Il s'agit d'être utile à nos chers soldats, en avant, à notre tour ! On travaille avec ardeur et bientôt la voie est praticable. Puis, chacun s'élance avec bonheur au-devant de notre armée, de nos libérateurs. Bientôt on les rejoint. on les guide, et l'ennemi, revenu pour défendre, comme la veille, le passage du pont, se hâte de fuir, craignant d'être entouré.

» Lorsque l'étranger souillait vos foyers de sa sinistre présence, votre courage a été admirable de résignation. Pour venir en aide à nos troupes, vous n'avez pas calculé le danger, et votre courage a été admirable encore Honneur donc à vous, mes chers concitoyens !

» Maintenant, laissez-moi terminer par un mot d'espérance... La divine Providence a protégé Cellettes en ces temps malheureux ; elle nous gardera encore, et sa main paternelle ne cessera de s'étendre sur nous, si nous avons confiance.

» *Dieu vient d'accorder aux prières de la France un*

chef vénéré, type et modèle des vertus militaires. Notre vaillante armée, si digne en ses revers, renaît de ses cendres. Confiante en cette autorité si sûre, elle retrouvera un jour le chemin des victoires. (89) Nous reverrons les jours de triomphe, et ayant agi de notre mieux pour mériter de la patrie, nous pourrons toujours nous écrier fièrement et de tout notre cœur :

« *Vive la France !* » (90)

Belle défense de Phalsbourg

Haut-Rhin.

Au moment de l'invasion prussienne, la place de Phalsbourg avait une garnison de *mille deux cent vingt-cinq* hommes, composée du 4me bataillon du 63me régiment de ligne, du 1er bataillon de la garde nationale mobile de la Meurthe et de *cinquante-deux* artilleurs. A cette garnison se joignaient *vingt-huit* hommes du 96me de ligne, et environ *deux cents* traînards et malades provenant des corps d'armée qui avaient combattu à Frœschwiller.

Les remparts étaient en bon état et armés de *soixante-cinq* bouches à feu. La place était bien approvisionnée en munitions d'artillerie et possédait *deux millions sept cent soixante-dix-huit mille* cartouches d'infanterie. Malheureusement les vivres n'étaient pas en quantité suffisante pour lui permettre une résistance de plus de quatre mois.

Investie le 10 août 1870 et sommée de se rendre, elle refusa. Bombardée le même jour, elle tint bon. L'ennemi fit à la garnison l'offre de sortir avec armes et bagages et de rejoindre l'armée française. Le commandant Tail-lant, soutenu par un conseil de défense énergique, rejeta les propositions.

La place répondit victorieusement au feu de l'ennemi, la garnison fit des sorties heureuses ; en vain les bombardements renouvelés détruisent-ils le tiers de la ville, rien ne put ébranler le courage de ses héroïques défenseurs. (91)

Mais les jours de résistance étaient comptés. Après quatre mois de défense n'ayant plus de vivre pour la prolonger, le commandant Taillant, de l'avis du conseil, et s'inspirant de l'intérêt du pays, détruisit son artillerie, ses munitions, ses fusils, enfin tout ce que l'ennemi pouvait utiliser dans la suite de la guerre ou présenter comme trophées ; puis l'œuvre de destruction complètement terminée, le commandant fit ouvrir les portes de la place et prévint l'ennemi qu'il se rendait à discrétion.

Une telle conduite est on ne peut plus honorable ; elle contraste singulièrement avec celle de Napoléon III, de Bazaine et de Trochu. L'ennemi, pour le reconnaitre, et sans que rien lui ait été imposé par une capitulation, accorda aux officiers de conserver leur épée et leurs bagages, aux soldats leur sac, et les autorisa à choisir les villes où ils devaient se rendre comme prisonniers.

Une si belle défense devait mériter plus que des éloges ; aussi le commandant Taillant, en récompense de sa fermeté et de son énergie, pendant les quatre mois de lutte avec l'ennemi, reçut le grade de commandeur dans l'ordre de la Légion d'honneur. Les officiers sous ses ordres reçurent également des distinctions honorables. (90)

La défense des villes de Belfort, de Bitche et de la Petite-Pierre a été tellement patriotique et courageuse, qu'il n'y a point d'expressions assez élogieuses pour les remercier dignement de leur noble et grand dévouement envers la France : ces villes n'ont ouvert leurs portes à l'ennemi qu'après l'amnistie, précurseur de la paix. Le drapeau tricolore flottait glorieusement sur leurs murailles en face de l'allemand.

Le Conseil municipal de Phalsbourg

S'OPPOSE A LA DÉMOLITION DES REMPARTS DE LA VILLE. (*)

Si le Conseil municipal a refusé d'abattre les fortifications, malgré tous les avantages que cela donnerait à la ville, c'est que, chaque fois que nous regardons nos remparts, nous sentons notre haine s'accroître contre nos envahisseurs.

D'ailleurs, comment voulez-vous qu'un homme resté français consente à démolir les remparts desquels les obus des incendiaires n'ont pu desceller aucune pierre ; comment pourrions-nous abattre les remparts derrière lesquels nous et nos enfants nous nous sommes battus aussi vaillamment que nos braves devanciers, mais, hélas ! nos efforts n'ont pas été aussi bien couronnés de succès que les leurs.

Si les Prussiens ne veulent plus entretenir les fortifications, tant mieux, qu'ils les abandonnent et nous ver-

(*) Aujourd'hui il n'en reste rien; les pierres ont été emmenées pour les travaux de Strasbourg.

rons les ronces et les épines croître, pêle-mêle, là où
naguére nous voyions nos braves soldat et gardes nationaux envoyer la mort au milieu des rangs ennemis.

Les remparts resteront donc sans entretien jusqu'au
jour où, du haut de nos murs, le drapeau tricolore
étalera de nouveau ses plendides couleurs aux rayons du
soleil. (93)

Défense héroïque

DE CHATEAUDUN.

En opposition à la lâcheté et à l'incurie si grandes
pendant la guerre de 1870-1871, l'on est heureux de pouvoir citer des actes dignes du nom français ; le sanglant
épisode de Châteaudun est de ceux-là.

La délégation de Tours envoyait à toute la France la
dépêche suivante :

« Dans la journée du 18 octobre 1870, la ville de Châ-
» teaudun (Eure-et-Loir) a été assaillie par un corps de
» *cinq mille* Prussiens. L'attaque a commencé aujour-
» d'hui sur tout le périmétre de la ville, dont les rues
» intérieures étaient barricadées. La résistance s'est pro-
» longée jusqu'à neuf heures et demie du soir.

» Les francs-tireurs de Paris, la garde nationale de
» Châteaudun, ont rivalisé de courage et d'énergie. A
» un moment, la place de la ville était couverte de cada-
» vres prussiens ; on estime les pertes de l'ennemi à plus
» de *mille huit cents hommes*. La ville n'a pas été occu-

» pée ; elle a été bombardée,. incendiée, et les Prussiens
» ne se sont établis que sur des ruines. »

Cette dépêche, recueillie et envoyée à la hâte, n'était
que l'abrégé des faits que nous allons raconter :

« Châteaudun, petite ville de *six mille sept cents*
âmes, sans défense, ouverte de tous côtés, avait cependant à l'approche des Prussiens, juré de se défendre et
de donner à la France le spectacle de l'abnégation civile
la plus sublime.

» Le 18 octobre 1870, la ville de Châteaudun était attaquée par une armée allemande forte de *douze mille* hommes avec *vingt-quatre pièces* de canon, sous les ordres du
général *Von Vitty*. La garnison se composait de *mille à
douze cents* hommes environ, formée par un bataillon de
francs-tireurs de Paris, de francs-tireurs de Nantes, de
francs-tireurs de Cannes, de Vendôme et de Loir-et-
Cher, et de quelques gardes nationaux et sapeurs-pom-
piers. C'était avec cette poignée de braves que le général
Lepowkï avait résolu de défendre la place.

» A peine l'ennemi s'était-il présenté devant la ville,
qu'il prenait position et dirigeait son feu d'artillerie sur
les barricades aux extrémités des rues. Les francs-
tireurs durent bientôt, derrière les barricades, commencer une lutte inégale en faisant des prodiges de valeur.
Dans les rues, sur la place les obus pleuvaient par centaines et bientôt plusieurs incendies étaient allumés.
Après quatre heures de lutte, les Prussiens forcèrent
les premières lignes de défense, et ce fut dans l'intérieur
des rues et sur la grande place que le combat devint le
plus acharné. Vers sept heures du soir, le capitaine Le-
deuil raliant *quatre-vingts* hommes environ, repoussa
une dernière fois les bataillons allemands qui débou-
chaient par toutes les issues sur la place. Par trois fois

la place fut balayée et l'ennemi rejeté dans les rues ; mais, accablés de fatigues et écrasés par le nombre, ces héroïques défenseurs durent se replier et laisser la ville aux mains de l'ennemi, qui, furieux d'avoir été tenu si longtemps en échec par une poignée d'hommes, brûla *deux cent treize* maisons, et livra la ville à toutes les horreurs du pillage.

» Les braves défenseurs de Châteaudun n'ont cédé le terrain qu'au milieu de la nuit, après dix heures de lutte, et après avoir infligé à l'ennemi des pertes qui ne s'élèvent pas à moins de *deux mille quatre cents* hommes.

Un décret proclama que la *ville de Châteaudun avait bien mérité de la patrie.* » (94)

Pétition de la Ville de Verdun

AU PRÉSIDENT DE LA RÉPUBLIQUE.

« Monsieur le Président,

» Seule de toutes les villes tombées au pouvoir de l'ennemi pendant la fatale guerre de 1870-1871, la ville de Verdun a conservé à la France les *cent trente-sept* pièces de canon qui défendaient ses remparts, et tout un matériel de guerre valant plus de *deux millions.*

» Elle doit cet honneur exceptionnel au courage que ses habitants et sa garnison ont déployé durant trois bombardements et dans dix combats, dont deux livrés au

milieu des batteries prussiennes, qui ont été en-
clouées.

» Les habitants de la ville de Verdun, désireux de
garder à tout jamais au milieu d'eux un souvenir du
siége qu'ils ont si vaillamment soutenu, prient M. le pré-
dent de la République de leur accorder, en don gracieux,
quatre piéces de canon qui sont encore sur leurs remparts.

» Ce bronze guerrier dira à nos enfants et à nos ne-
veux comment on doit aimer et défendre son pays.

» Verdun, 13 septembre 1873. » (95)

M. le ministre de la guerre vient de faire droit à une
demande déjà ancienne de la ville de Verdun, en accor-
dant à cette vaillante cité *quatre piéces de canon* qui té-
moigneront du concours patriotrique que la population
verdunoise a prêté à l'armée dans la défense de la
place. (96)

Le général Daumesnil

GOUVERNEUR DE VINCENNES, OU LE GÉNÉRAL A LA JAMBE

DE BOIS

LE NON-CAPITULAR DE

1814-1815.

Historique

Le général Daumesnil naquit à Périgueux *(Dordogne)*
en 1776.

A Aboukir *(Egypte),* il s'empara d'un étendard ; au siége de Saint-Jean-d'Acre, il monta le premier à l'assaut et précipité du haut des remparts au fond des fossés par l'explosion d'une mine, il reçut au pied des murs écroulés, un sabre d'honneur.

— « *Quel soldat!* » disait Bonaparte, en parlant de lui.

En Italie, au passage d'un pont, rencontrant un fourgon d'or que l'ennemi avait renversé pour obstruer le passage, dit à ceux de ses soldats qui essayaient de recueillir quelques piéces qui roulaient sous les pieds des chevaux :

— « *Allons, camarades, en avant ! et ne prenons pas garde aux éclaboussures.* »

Lorsqu'il fut amputé de sa jambe gauche, il avait sa cuisse coupée, emmaillotée comme un enfant. Aussi, lorsque le prince Berthier vint de la part de l'empereur demander de ses nouvelles :

— « *Vous direz,* répondit-il, *que la mère et l'enfant se portent bien.* »

Lorsque Daumesnil fut nommé gouverneur de Vincennes, cette place était alors la seule qui défendit Paris.

On y fabriqua, en 1812, 1813, 1814 et 1815, *trois cent cinquante mille* cartouches d'infanterie et *quarante mille* gargousses par jour.

On y vit arriver jusqu'à *cent cinquante* voitures de poudre en une seule journée. En 1814, le matériel qu'elle contenait a été estimé à *quatre-vingt-dix millions.*

Le 30 mars 1814, une capitulation fut signée à cinq heures du soir. Le gouverneur de Vincennes apprit cette nouvelle. Aux termes de la capitulation le matériel qui couronnait les hauteurs de la capitale devait être livré le lendemain au point du jour.

Dans la nuit, Daumesnil sort de Vincennes à la tête de *cent cinquante* chevaux, enlève et introduit dans la forteresse, canons, fusils, munitions, tout le matériel, et le lendemain, lorsque les alliés viennent réclamer ce qu'ils croient leur appartenir, le général répond :

— « *Rendez-moi ma jambe et je vous rendrai Vincennes.* »

— « Eh bien ! général, nous vous ferons sauter ! »

— « *Venez,* dit-il en leur montrant un magasin, *nous sauterons ensemble.* »

En 1815, à la seconde invasion, le dépôt qui lui fut confié était plus important encore.

— « *L'ennemi,* dit-il, *a respecté le jeu de quilles et n'a pas osé y jeter les boules de fer.* »

Et il sortit de Vincennes après avoir le dernier porté la cocarde tricolore. (97)

Discours

PRONONCÉ A VINCENNES, LE 26 MAI 1873
par M. Mie, jour de l'inauguration de la statue
DU GÉNÉRAL DAUMESNIL, AU NOM DU CONSEIL MUNICIPAL
de Périgueux.

« Messieurs et chers Concitoyens,

» Au nom du Conseil municipal de Périgueux, nous venons accomplir une mission qui nous est doublement

précieuse, car elle nous permet d'apporter à nos collè-
gues de Vincennes le témoignage de notre gratitude et
d'offrir à la mémoire de Daumesnil le souvenir ému de
l'hommage profond de ses compatriotes de la Dordogne.

» En donnant à son image l'éternité du bronze, l'éclat
de l'art et la publicité d'une consécration solennelle, ce
n'est pas à un sentiment de vaine ostentation que vous
obéissez. Messieurs, votre pensée plus austère et plus
haute fait d'une juste glorification l'objet d'un enseignement.

» Vous voulez que du haut de ce piédestal, de granit
comme son âme, Daumesnil dise aux générations que
ceux-là sont grands qui restent prêts à donner leur vie
pour l'indépendance du sol, ce patrimoine sacré de nos
enfants, terre vénérable où dorment les aïeux ense-
velis.

» Vous voulez qu'au-dessus des prudences vulgaires
où ces entêtements héroïques qui ne savent désespérer
ni de l'honneur national, ni de la vitalité de la patrie.

» Vous voulez enfin, et c'est là peut-être la plus noble
de vos pensées, donner en exemple à la postérité, l'homme vaillant qui, n'ayant pas capitulé avec l'ennemi, a
répondu, par un sarcasme indigné, à ceux qui lui pro-
posaient de capituler avec sa conscience.

» Au moment où la France, lassée par la lutte, écrasée
par le nombre, courbée sous le flot de l'invasion, s'aban-
donnait défaillante, alors que les capitaines de la Révolution, devenus généraux de l'empire saluaient le retour
de leurs anciens maîtres et s'inclinaient devant le drapeau blanc que ramenait l'ennemi, Vincennes résistait
stoïque ; ses canons rugissaient les dernières protesta-

tions, et l'Europe étonnée que la France vécut encore, voyait au sommet de votre donjon, flotter le drapeau de 1792, des plis duquel était tombé sur le monde la vaste semence de la liberté.

» C'est celui qui fut le héros de cette heure que vous glorifiez aujourd'hui, c'est celui-là aussi que ses compatriotes sont venus saluer, parce qu'*il ne fut pas l'homme d'un homme* ou le *condottire* d'un parti, mais qu'il resta le soldat glorieux de la *défense nationale.*

» Ce mot n'est point né d'hier, Messieurs, il est d'instinct sacré, et nous n'en connaissons pas qui soit plus digne de notre respect, car lorsqu'il vient aux lèvres et à la pensée des citoyens, il les groupe dans un sentiment de filiale affection, et les fait se presser plus unis et plus forts autour de la mère commune, la patrie menacée.

» Ah ! malgré nos récentes douleurs, nous pouvons le prononcer sans remords, même au pied de la statue de Daumesnil, car si ce mot nous rappelle les épouvantables désastres qui ont déchiré nos frontières, il vient aussi nous redire les sublimes efforts du patriotisme qui les disputait à l'étranger ; ce temps. il ne faut pas l'oublier, puisqu'il nous a appris que la voix d'un tribun (*) pouvait, aux jours du danger, faire jaillir d'une terre épuisée un million de combattants. (98)

» Dans quelques mois, en dépit des conspirations monarchiques, la France aura pu trouver, grâce au labeur et au génie de ses enfants, le dernier sou de cette impitoyable rançon dont les vainqueurs ont fait l'escompte de leur victoire. Quand viendra le jour si désiré de leur départ, elle se redressera dans la majesté de la douleur

(*) Gambetta.

noblement supportée , et jetant un regard sur le passé d'hier, elle tracera aux pages de son histoire des noms que Daumesnil aurait voulu connaître. Elle inscrira *Gravelotte et Reischoffen, Bapaume, Pont-Noyelles, Buzenval, le Bourget et le plateau d'Avron.*

» Elle racontera ce siége mémorable, qui bientôt deviendra légende , et pendant lequel , Paris mourant de faim, mais intrépide et debout , gardait l'honneur français ; sa main fouillant à travers les tombes dispersées sur notre sol, retrouvera ces dévouements obscurs qui confondaient dans la mort le soldat et le grand seigneur, le paysan et le bourgeois, (99) l'artiste et l'ouvrier ; puis, lorsqu'elle aura fait cette funèbre énumération de ses deuils maternels, son front meurtri mais fier, se relévera l'égal des plus hauts.

» Lorsqu'une nation a prés d'elle le souvenir de semblables luttes, elle peut saluer ses héros d'autrefois, car l'avenir lui en donnera d'autres, l'âme des peuples ne meurt pas.

» Non ! quelques cruelles qu'aient été pour nous les années lugubres que nous venons de traverser , elles n'ont pas éteint cette flamme immortelle qui , de la France, rayonnait à travers les peuples, et sa terre généreuse fournira encore une longue suite de soldats et de citoyens qui la referont riche et libre.

» C'est là notre foi ardente, c'est là notre consolation, chers concitoyens, et vous permettez à la délégation du Conseil municipal de Périgueux de rappeler, devant le grand patriote, la vaillante garde mobile de la Dordogne, mise à l'ordre du jour de l'armée quelques semaines après qu'elle eût quitté la charrue ou l'atelier, et cet autre héros, *Larret Lamagénie,* ce jeune officier de marine, un Périgourdin, lui aussi qui, en 1871, contraint par l'amnistie d'abandonner un de vos forts confiés à sa garde, ensevelit son désespoir dans la mort.

» Ces souvenirs, je les offre à Daumesnil, attestant ainsi que ses compatriotes n'ont pas oublié les exemples qu'il leur a donnés.

» Pour lui, la justice est venue, elle viendra pour tous ! Si la postérité courbe sous le poids de ses malédictions les hommes qui ont sacrifié le pays (100) à leur misérable ambition personnelle, si elle flétrit et marque d'un stigmate au front ceux qui, pour plaire à un maître, ont livré à l'ennemi les arsenaux et les drapeaux de la nation, elle réserve une gloire éclatante à ceux qui n'ont servi que la patrie. L'image des traîtres, exécrée et maudite, reste enchaînée à leur forfait ; celle des autres se dresse triomphante et bénie dans les clartés de l'histoire.

» A l'heure prochaine où le canon de Belfort chantera la délivrance pacifique, oh ! retournons-nous vers Daumesnil, et songeant à nos frères d'Alsace et de Lorraine, demandons lui le secret de l'avenir.

» Peut-être le vaillant homme de guerre nous dira-t-il que le droit aussi est une force (101) que rien ne lasse ; peut-être nous montrera-t-il cette lumière de justice et de liberté qui se lève à l'horizon des peuples et qu'il entrevoit déjà du haut de son immortalité.

» L'avenir tient dans sa main fermée la solution de ces problèmes, et, peut-être la force viendra-t-elle encore apporter au droit méconnu la consécration de l'épée. Ce jour-là c'est à Vincennes, c'est au pied de cette statue que la France devra chercher ses inspirations. Daumesnil lui rappellera que seuls sont vraiment grands les peuples dont les enfants marchent unis et fraternellement sous le drapeau de la liberté, et ses lèvres retrouveront le grand cri qu'entendit sa jeunesse :

« Vive la nation ! — Vive la patrie républicaine ! »

NOTA. — *Madame veuve Daumesnil assistait avec son fils à Périgueux, le 6 septembre 1873, à l'inauguration de la statue de son mari, on lui a présenté, en cette circonstance, un riche bouquet.*

Le rôle de la Marine

PENDANT LA GUERRE 1870-1871.

Pour rendre hommage à notre brave et héroïque marine, nous extrayons d'un travail très-intéressant et fort curieux qui vient d'être achevé par les soins du ministère de la marine et des colonies, le passage suivant ; il s'agit du rôle joué par la marine française, dans la dernière guerre contre l'Allemagne :

« Depuis le commencement de la guerre jusqu'au 15 février 1871, le département de la marine put — en dehors de l'armement de la flotte et des colonies — fournir à la défense nationale, en personnel, *vingt-huit mille cent cinquante-sept* marins, canonniers et fusillers, *cinq cent soixante-trois* officiers de vaisseau, depuis le grade de vice-amiral jusqu'à celui d'aspirant ; *vingt* ingénieurs hydrographes, employés aux travaux de reconnaissance aux alentours de Paris ; *cinq mille quatre-vingt sept* hommes d'artillerie de marine et *vingt-trois mille quatre cent vingt* hommes d'infanterie de marine, dont *deux mille six cent quarante-cinq* furent tués ou blessés à Bazeilles et plus de *deux mille* succombèrent à l'armée de la Loire , soit un total de *cinquante-sept mille deux cent quarante-sept* hommes et officiers ; et en matériel tirés des réserves ou fabriqués exprès : *mille trente-deux* canons de mer avec leur armement, leurs plates-formes et leurs munitions ; *vingt-neuf mille trois cents* fusils et carabines ; *seize millions* de cartouches ; *quatre* équipages de pont ; *cent batteries* complètes de *quatre* et de *douze ; seize batteries* de mitrailleuses ; *mille six cents* caisses d'approvisionnements ; *cent cinquante* affûts de place et de siège ; *huit cent quatre-vingts* roues et essieux de rechange ; *sept cents* canons lisses de la guerre transformés en canons rayés ; des harnachements pour *vingt-quatre mille* chevaux ; *vingt-neuf mille cinq cents* vêtements de mobiles ; *vingt-six mille trois cent trente* tentes ; *quatre-vingt-quatorze mille trois cents* ustensiles de campement et des milliers d'autres objets, notamment des magasins de batteries, des blockaus, des palissades et des pièces d'armes.

» Au 1er février 1871, les ateliers des ports exécutaient en outre et devaient livrer avant la fin du même mois au département de la guerre : *quarante* batteries de *quatre* comprenant *six cents* voitures, *vingt* batteries de mitrailleuses, *quatre cents* caisses, *cent* forges, *cent* affûts de montagne et plus de *huit mille* caisses d'approvision-nements.

» Au moment de l'armistie, la situation de la flotte se résumait comme suit :

« Nos stations navales étaient maîtresses de la mer.

» Nous comptions au voisinage des côtes de France, et prêts à agir, *trente-quatre* bâtiments cuirassés, *trente-deux* avisos et *dix* canonnières, échelonnés sur tous les points intéressants à surveiller.

» *Vingt-et-un* transports opéraient les mouvements de

personnel et de matériel de l'armée entre les diverses parties de notre littoral en France et en Algérie.

» Tous les bâtiments de commerce ennemis, sauf de biens rares exceptions, attendaient dans les ports neutres la fin de la guerre.

» *Quatre-vingt-dix* bâtiments ennemis avaient été capturés par la marine française.

» Enfin, la marine comptait aux armées et dans les places fortes, en marins, artilleurs ou soldats, environ *trente-deux mille* hommes, restant des *cinquante-sept mille* hommes qu'elle avait fournis depuis le commencement de la guerre, à la défense nationale.

» Les pertes de son personnel s'élevaient approximativement, déduction faite des prisonniers de guerre, à *quatorze* ou *quinze mille* hommes.

» A ces détails sur la participation de la marine à la défense nationale, il n'est peut-être pas sans intérêts d'ajouter quelques chiffres établissant la situation de notre marine quelque temps avant la conclusion de la paix.

» Au mois de mars de 1871, les ressources du personnel de la marine proprement dite, alors disponibles, s'élevaient à *soixante-cinq mille* hommes, savoir :

« Personnel embarqué, *trente-six mille neuf cent soixante-dix-neuf* hommes ; personnel dans les divisions, *cinq mille* hommes ; ressources de l'inscription maritime, *(élevée de 40 à 50 ans), treize mille* hommes ; canonniers, marins, fusillers aux armées, environ *dix mille.*

» Comme matériel, la marine possédait *cinq cent cinquante-neuf* bâtiments de guerre, savoir : *soixante-six* bâtiments cuirassés dont *onze* en chantier ; *quarante-six* bâtiments à roues ; *deux cent quarante-huit* bâtiments à hélice dont *dix-sept* en chantiers ; *soixante-dix-neuf* à voiles, *cent vingt* de servitude.

» Il existait en outre environ *cent vingt-six* anciens navires servant de casernes, d'écoles, etc.

» La flotte armée comprenait *deux cent cinq* bâtiments, portant *cinq cent vingt-six* bouches à feu et la réserve *soixante-trois*.

» Enfin, nous pouvions transporter *quarante mille* hommes et *six mille* chevaux, indépendamment des ressources que l'on aurait pu trouver dans la marine marchande et dans les bâtiments de nos grandes compagnies. (102)

Contrastes

OU LES DEUX CAPITULATIONS : ANCONE ET METZ

Avant de retracer aux yeux du lecteur, le tableau de deux fameuses capitulations, l'une glorieuse, et l'autre... — pas d'expression pour la qualifier ! — il ne sera peut-être pas inutile de citer les nobles paroles sorties du cœur patriotique du maréchal Fabert, adressées par lui à Louis XIV, gravées sur le piédestal de sa statue érigée à Metz. Ces paroles résument brièvement les devoirs d'un général en chef chargé de la défense d'une place.

Les voici dans leur simplicité :

« Si pour empêcher qu'une place que le roi m'a con-
» fiée ne tombât au pouvoir de l'ennemi, il fallait met-
» tre à la brèche ma personne, ma famille et tout mon
» bien, je ne balancerai pas un moment à le faire. »

Capitulation d'Ancône

OU LE BRAVE GÉNÉRAL MONNIER.

Si la douleur causée par nos derniers revers pouvait être adoucie par une lecture quelconque, nous placerions en première ligne les deux volumes publiés en 1802 sur la défense d'Ancône par Michel - Ange - Bernard Mangourit.

Mangourit !... Voilà un nom certes bien oublié aujourd'hui. On ne saurait perdre cependant à le mieux connaître. Mangourit était commissaire de notre gouvernement dans la place d'Ancône, lorsqu'elle s'illustra par une défense à jamais célèbre. On était alors à l'an VII (1795) de la République. Les troupes françaises abandonnaient l'Italie aux Autrichiens triomphants ; partout des insurrections augmentaient les dangers de la retraite et les choses en étaient à ce point, qu'une dépêche officielle avait autorisé le général Monnier, commandant la division d'Ancône, à évacuer ce poste important, sans attendre l'apparition de l'ennemi. Mais c'était mal connaître un tel chef. Peu lui importe que trois départements soient soulevés autour de lui ; peu lui importe que sa division soit réduite à l'effectif misérable de *deux mille* hommes mal équipés. Monnier ne se laissera pas effrayer par l'orage. Ses vertus guerrières sont d'un tel exemple qu'elles semblent avoir passé dans l'âme de sa petite troupe. Animés par son courage, ses soldats réduisent et contiennent les villes révoltées des environs jusqu'au jour où l'arrivée successive d'une flotte ennemie et de trois corps d'armée russe, turc et autrichien, les forcent à se renfermer dans les murs d'une place qu'ils défendent encore plus de trois mois.

Et lorsque leurs dernières fortifications sont détruites, lorsqu'ils sont à leurs derniers milliers de poudre, ces quinze cents braves, car ils ne sont plus que quinze cents, obtiennent de l'ennemi qui les admire, la plus honorable des capitulations. On en jugera par ce seul article, extrait du texte de la convention qui les autorisait à rentrer en France par une route de leur choix :

. . . .

. . . .

Le général Frélisch voulant donner une preuve d'estime aux troupes de la garnison pour la défense courageuse et au-dessus de toute atteinte qu'elles ont faite, accorde aux sous-officiers le port de leurs sabres pour se rendre à leur destination. Et pour donner à toute la division, comme au général Monnier, le commandant, un témoignage de sa considération particulière et d'estime de nation à nation contractante, lui accorde une garde d'honneur composée de quinze cavaliers montés, armés et équipés, et de trente carabiniers armés.

Comme nous le disions en commençant, Mangourit avait assisté à toutes les phases de ce grand acte militaire et il les a retracés minutieusement dans un ouvrage qui paraît écrit avec une grande sincérité. Les pièces justificatives qui l'accompagnent en font un vrai journal des opérations de siége. La forme de cette œuvre est un peu déclamatoire. — C'était le défaut du temps. — Mais elle est empreinte d'un vrai patriotisme, et quoi qu'on en ait dit, je préfère de beaucoup les exagérations de notre vieux *chauvinisme* à celles du *cosmopolitisme* inintelligent qui menace d'affaiblir, chez certains Français le sentiment national.

Mais hâtons de revenir au récit de Mangourit, aucune analyse ne pourrait avoir la couleur des extraits que nous allons en tirer. Ces extraits ne porteront point sur le côté héroïque des opérations du siége. Quelque admirable que soit le récit d'un assaut ou d'une sortie, il a toujours l'inconvénient de ressembler à une foule de relations du même genre. Ce qui caractérise non moins le siége d'Ancône, à notre avis et ce que nous allons essayer de remettre en lumière, c'est le génie, la persévérance avec laquelle on improvisa des ressources et on fit face à des nécessités pressantes.

Par des efforts tentés pour fabriquer du pain, de la poudre, des bouches à feu, des projectiles, on peut juger de ce que peut la force de volonté chez des Français résolus à se défendre.

Nous citons le texte de la relation originale de Mangourit:

« La perte de Frumégine avait entraîné celle des mou-
» lins qui alimentaient la ville ; on s'était reposé sur une
» construction de moulins entreprise dans le port d'An-
» cône par un italien. Le citoyen Briche, ex-commissaire
» particulier à Corfou, fit apercevoir que les plans de
» l'italien étaient contraires aux premiers principes, et
» que l'on ne pouvait en attendre aucun succés. Le be-
» soin de farine devenait pressant. L'italien effrayé
» d'avoir compromis la subsistance de la garnison de la
» ville entière, passa à l'ennemi.

» On resta sans moulins. — Le général ayant fait part
» à Briche de ses inquiétudes, ce citoyen s'ingénia pour
» en construire à la hâte. Comme il n'y avait à Ancône
» aucun cours d'eau, il fit établir deux moulins à che-
» vaux sur le modéle de ceux qui avaient été établis à
» Corfou pendant le siége. Mais prévoyant que par la

» suite il resterait peu de chevaux pour les faire mou-
» voir, et que de jour en jour les moyens de les nourrir
» diminueraient, il fit construire, pour les forts, des
» moulins à bras d'un mécanisme fort simple et dont
» chacun, mû par deux hommes, pouvait fournir de
» sept à huit cents livres de farine en vingt-quatre heu_
» res. Ayant supputé assez juste le temps où les chevaux
» manqueraient au service des deux grands moulins, il
» fit préparer un mécanisme qui pouvait s'y adapter et
» les faire tourner par le moyen d'un tambour dans le-
» quel quatre ou six hommes se promèneraient; ces mou-
» lins furent exécutés avec une promptitude étonnante.

» Voilà des moulins ; mais l'embarras fut de trouver
» des pierres propres à faire des meules. Celles d'Italie
» étaient beaucoup trop tendres.

» Le citoyen Briche, après beaucoup de recherches,
» trouva, près de l'église principale, deux colonnes de
» granit qui furent péniblement sciées et taillées en mor-
» ceaux. Pour avoir le diamètre convenable, on rappro-
» cha les morceaux dans des cercles de fer, et on coula
» dans les joins un mastic composé de plâtre et de ré-
» sine. Ces meules ont parfaitement résisté et ont fait
» un très bon service.

» Canonnades nocturnes, sorties, combats singuliers
» l'après-midi, opéra-comique le soir ; voilà à peu près
» l'emploi de toutes les vingt-quatre heures. L'on s'y
» faisait, et ce pli une fois pris, on s'étonnait le lende-
» main du repos de la veille. On se rassemblait au théâ-
» tre pour se raconter les événements du jour, faire sa
» cour aux belles parées comme à Frascasti, et y jouer
» à la *tombola,* loterie que les italiens aiment jusqu'à
» l'engouement, et pour laquelle les Français commen-
» çaient à se passionner.

» Quoique la salle du spectacle de la ville d'Ancône
» ne puisse soutenir la comparaison avec aucune de
» celles des principales villes de l'Italie ; cependant la
» richesse et le nombre de ses citoyens, et l'affluence
» des étrangers qu'attire son commerce maritime, con-
» courent à ce que les troupes de bouffons qui s'y ren-
» dent dans la *saison comique,* soient ordinairement
» composées de talents les plus distingués.

» Notre petit opéra d'Ancône réunissait toutes les par-
» ties dont j'ai parlé. Malgré les lentes horreurs du
» siége, on jouait tous les jours. Souvent à la demande
» des amateurs, on commençait par le second acte d'une
» pièce, parce que sa musique était supérieure à celle
» du premier : dans une scène, on intercalait, encore
» à leur prière, une ariette favorite d'un autre opéra,
» sans prélude et sans liaison. Les morceaux qui flat-
» taient les spectateurs, étaient rechantés jusqu'à trois
» fois. Cette troupe était dans une situation bien misé-
» rable. Forcée de chanter et de danser..... point de
» pain et peu d'argent pour en avoir ! Le *ténor* qui,
» avant le siége était excessivement gros et gras, res-
» semblait sur la fin à un squelette. Je vois son habit
» vert galonné ridant sa maigre échine comme une robe
» de chambre suspendue au porte-manteau. Tourmenté
» à la fois de la peur et de la faim, il n'en gazouillait
» pas moins, jouait les étourdis et faisait le plai-
» sant.

» Le général leur accordait des rations qu'ils dévo-
» raient au déjeûner ; aussi le soir avaient-ils la voix
» claire.... Monnier prit un soin particulier de *l'habille-*
» *ment du soldat et de la nourriture,* il chargea le com-
» missaire des guerres, Martin, dont l'intelligence a
» toujours parfaitement secondé le général, de faire un

» recensement exact des vivres et des liqueurs. Les
» eaux-de-vie n'étaient pas en proportion avec les projets
» de défense.

» Les fatigues continuelles de la garnison exigeaient
» que l'on se procurât de l'eau-de-vie, on essaya d'en
» extraire de diverses espéces de grains. Celle que l'on
» obtint de l'avoine offrit le goût le plus agréable. On en
» fabriqua jusqu'à ce que les grains, devenus trop rares,
» fussent uniquement consacrés à la façon du pain et du
» biscuit.

» L'argent manquait, la malveillance et l'avarice le
» cachaient, on ne pouvait payer la troupe et les ou-
» vriers. Le général anima le préfet consulaire, Bocci,
» d'une ardeur généreuse ; et lui associa le citoyen Bri-
» che, qui, par ses travaux, avait déjà prolongé la re-
» nommée de la garnison ; on bat monnaie, l'argent se
» convertit en piastres, et le bronze inutile en baïo-
» ques.

» Il se trouvait à Ancône un monnayeur envoyé pré-
» cédemment de Rome avec quelques ustensiles : mais
» il avait cessé ses travaux, parce qu'il ne fondait qu'au
» creuset et ne pouvait plus se procurer le charbon né-
» cessaire. Le citoyen Briche fit construire un fourneau,
» à réverbére que l'on chauffa avec tout les bois dispo-
» nibles. On cassa quelques piéces d'artillerie hors de
» service ; elles furent coulées en flaons ; ces flaons pas-
» saient au laminoir entre deux cylindres gravés, im-
» primant en relief leurs creux sur les deux faces ; de là
» on les présentaient au coupoir, en sorte que l'on eut
» en peu de temps une monnaie de siége d'autant plus
» précieuse, qu'elle fut abondante, et qu'elle portait une
» valeur intrinsèque plus forte que celle de cuivre à va-
» leur numérique égale ; malgré l'intrigue, ces piéces

» furent reçues dans le commerce de détail sans la
» moindre difficulté. J'oubliais un *monétage* plus pré-
» cieux et non moins important, la fabrication de pias-
» tres au coin du pape, avec les matiéres d'argent qu'il
» fut possible de rassembler.

» Le succés des fontes en bronze dans le fourneau à
» réverbére, dû aux soins du citoyens Briche, l'éveilla
» sur un autre objet bien plus essentiel. La place avait
» peu de mortiers de calibre ; et plusieurs de ceux qui
» faisaient le service, usés par un tir continuel, avaient
» crevé. Le général se voyait au moment de renoncer à
» cette arme qui avait été si redoutable aux ouvrages et
» aux tentatives de l'ennemi. Il se désolait de n'avoir pas
» un seul mortier de calibre convenable pour quatre mille
» petites bombes transférées à Ancône avec les vaisseaux
» vénitiens. Le citoyen Briche remplit ses vœux avec
» une étonnante activité.

» — Quoi ! vous savez encore cela ? lui dit-on.

» Il répondit en traçant les plans de trois mortiers à
» chambre conique à gomére, et en fabricant immédia-
» tement leurs moules. Les mortiers et leurs crapauds
» en bronze sont coulés dans le sable, ils sortent de la
» fonderie au bout de quelques jours, on les place sur
» la citadelle, leur portée est éprouvée aux dépens des
» assiégeants, on est surpris de leur effet. Sur la plate-
» bande, entre les tourillons, on grave ces mots :

» ANCONE ASSIÉGÉE

» *an VII de la République.* »

Ces projectiles économisaient sans doute beaucoup de
poudre ; mais malgré le soin que l'on prenait de n'en
dépenser qu'à propos, la consommation de nuit et de

jour se faisait sentir dans les magasins. Il était important
de ne laisser aucune inquiétude à la garnison sur l'ap-
provisionnement de cet objet. Le général, serré de toutes parts, n'espérait plus de secours de l'extérieur, réduit à l'enceinte d'Ancône, veut trouver dans la ville
même la matière et l'aliment de la foudre dont il n'a
cessé de frapper l'ennemi. Il ordonne une grande ex-
ploitation de salpêtre. Les gens les plus instruits du pays
ou les plus malveillants, l'assurent que, sous le gouvernement papal, on avait renoncé à exploiter ce sel à Ancône, parce que, trop rare, il était encore trop dominé
dans les lessives par le sel marin. Il se désespère, c'est
alors que le modeste savoir du citoyen Briche se découvre encore. Il établit de vastes ateliers de filtrations dans
un couvent supprimé ; les eaux passent des batteries
dans les chaudières, on obtient de superbes cristaux, et
l'on raffine, d'après les procédés du célèbre Chaptal, un
salpêtre de première qualité.

Le souffre manquait ; des corsaires qui en possédaient
une prise, n'attendirent pas ma réquisition pour en offrir
gratuitement l'entier sacrifice. Mais on n'avait pas de
bois propre à la fabrication de la poudre ; les bois de
marine, les seuls dont on pût disposer, ne valaient rien
pour cet objet. Le citoyen Briche, qui avait trouvé des
meules, trouva du fusain. Le charbon de sarment fait
avec les vignes des jardins et des glacis de la place, fut
essayé et réussit, grâce au général, au citoyen Briche et
au citoyen Chaptal, qui a étendu si loin le domaine des
sciences utiles, la division d'Ancône eut de la poudre.
On la faisait sécher dans une étuve voûtée pour obtenir
une dessication plus prompte, la saison étant déjà hu-
mide et pluvieuse, et le feu ennemi ne permettant pas
d'autre emplacement pour les séchoirs.

Le général fit tous les jours harasser son ennemi. Il y avait, on s'en doute bien, des personnes auxquelles cela ne convenait pas..... (103) « *On envoyait le soldat à la boucherie inutilement ; puisque nous n'étions plus en Italie, pourquoi sacrifier tant de braves gens ? il fallait refuser de marcher au premier ordre de sortie.* »

Le général instruit de ces clameurs, monte à cheval, parcourt tous les postes, assemble toutes les garnisons.

— « *Camarades,* dit-il, *je sais tout ce que l'on vous dit ! on vous égare.... On veut vous faire vous déshonorer par une lâche capitulation. Mon sort est inséparable du vôtre, et je ne m'en détacherai jamais... Vous sortirez cette nuit quatre-vingt-quatorze, et s'il restait des officiers derrière vous, sachez que j'en ferai sur le champ de bataille.* » Il dit avec un feu et une indignation qui pénétra les cœurs de tous les soldats ; ils s'écrièrent :

« *Vive la République ! vive notre général !* »

Ils lui tinrent parole ; l'ennemi ayant fait une nouvelle tentative sur le Mont-Gardé, la colonne commandée sortit au complet ; et pas un brave qui ne voulut être reconnu du général pendant l'action.

Tant d'efforts étaient faits, comme je l'ai dit, sans illusion aucune. La garnison savait qu'elle n'avait aucun secours à attendre. Aussi son courage dut-il finir par accepter les conditions honorables du vainqueur. Toute cette partie du récit de Mangourit offre un tel contraste avec les événements trop voisins de nous, que je vais lui faire de nouveaux emprunts.

Ils prouveront qu'un bon chef peut faire de la ténacité une vertu française :

A quatre heures, arrive un parlementaire, c'est le général-major de Skall accompagné du chef de l'artillerie et d'un aide-de-camp. Il vient faire une nouvelle sommation au nom du lieutenant-général Frelichs : « *c'est la quatrième, dit-il, c'est la dernière.* » — Monnier le reçut avec une contenance ferme, et les égards dus à un vieux guerrier.

Voici cette pièce importante :

     « *Au camp devant Ancône, 10 septembre 1799.*

» *A monsieur le général de brigade Monnier, commandant une division des troupes françaises, et les ville, forts et port d'Ancône.*

» *Les dégâts opérés jusqu'à ce jour par le feu de mon artillerie doivent vous convaincre, monsieur le général, que je ne manque pas de moyens d'en faire de plus grands encore, pour mettre un terme à ce siège.*

» *Si, je vous assure de plus que, d'après votre résistance outrée, j'ai demandé qu'on me triplât mon artillerie et mes munitions, et qu'elles sont en route, il ne me reste, monsieur le général, (après avoir prouvé à l'univers qui nous jugera que j'ai épuisé tous les moyens de conciliation), il ne me reste qu'à vous sommer pour la dernière fois de me rendre Ancône avec ses dépendances.*

» *Je vous adjure, monsieur le général, d'être aussi sensible au cri de l'humanité que vous l'avez été jusqu'à présent à celui de guerrier.*

» *J'attends donc une réponse prompte et satisfaisante si ce n'est la capitulation elle-même que, comme philanthrope, je désire et aime à prévoir.*

                   » *Signé :* Frelich,
                » *Lieutenant - Général.* »

Le général était environné dans ce moment des premiers guerriers de la garnison. La sommation, traduite par un officier polonais parlant français et allemand, fut écoutée avec douleur, mais sans produire de murmures ; elle était appropriée à notre situation ; et il n'était personne qui ne sentît que refuser c'eût été vouloir, sans avantages pour la patrie, s'enterrer sous des monceaux de ruines. Le général de Skall ne manquait pas de le faire sentir à propos, et sans jactance. M. de Frelich était intéressé à finir promptement un siège qui durait depuis trois mois et demi, où il avait perdu ses meilleures troupes, et à la poursuite duquel il n'était pas bien sûr (malgré le triplement de son artillerie et ses menaces envers le chef français et la garnison), de n'en pas perdre davantage.

Le général Monnier auquel s'offrait un moyen inattendu de sortir avec gloire de sa position désespérée, était néanmoins d'une tristesse extrême. Doué d'un caractère doux, son cœur était bouleversé ; son visage en rendrait tous les combats.

Le commissaire des guerres et les commandants du génie et de l'artillerie entendus, il fut constaté :

1º Que les approvisionnements de siége, complétés par le zéle infatigable du commissaire Martin pour quinze cents hommes, étaient tellement épuisés qu'à peine en restait-il pour dix jours. (104)

2º Qu'il était constant que la ville d'Ancône, défendue par une seule chemise, n'était plus fermée que par le courage et les baïonnettes.

3º Qu'il n'existait de poudre que pour une demi-journée d'attaque un peu chaude *(quinze milliers)* ; que la saison ne pouvait permettre de perfectionner celle qu'on fabriquait ; qu'il était impossible de remplacer les affûts démontés par le feu de l'ennemi.

4º Que s'il restait des vivres pour dix jours, même pour quinze, en supportant des privations, il ne fallait pas oublier une population de dix-huit mille âmes, fatiguée depuis trois mois de la plus grande misére, et qui ne s'alimentait depuis quinze jours que par les secours que lui fournissaient les forts. Que le principal moyen de défense consistant dans les munitions, il n'en restait pas même assez pour s'ensevelir sous les ruines des forts.

Les commissaires du conseil de guerre convinrent avec leurs commettants des bases de la capitulation, elles furent présentées au général de Skall, qui les adopta avec quelques changements et sauf la ratification de M. de Frelich fixée entre les commissaires et le lieutenant-général, à son quartier général de Varano.

Les commissaires du conseil de guerre se rendirent au camp de Varano vers les dix heures du matin, par la Porte-Farine. Presque tous les jolis édifices de ce faubourg étaient en ruines, ainsi que les maisons de campagne qui bordent le chemin. Çà et là, nous voyions des chapeaux ensanglantés, des armes brisées, des éboulements de murs, et des tombes d'une terre fraîchement remuée. Ici des boulets étaient engravés dans des façades encore sur pied ; là, une ferme ouverte de toutes parts et abandonnée de ses cultivateurs, n'avait, pour gardiens, que ses animaux domestiques. Ces lieux couverts naguére de riches guérets, de vergers et de vignes et dont la promenade était si agréablement variée par la vue d'une mer couverte de pêcheurs et par une foule de petits monticules fertilisés jusque sur leurs sommets, ces lieux ne présentaient que des vaisseaux de guerre, des batteries, et partout l'aspect hideux de la destruction. Chaque pas que nous faisions imprimait une sensation douloureuse et mélancolique.

Nous ne fûmes pas longtemps sans arriver au premier poste autrichien. Au son de notre trompette une garde d'honneur de hussards, commandée par un officier, se présenta et se mêla à la nôtre. — Les allemands n'épargnent pas les postes ; nous passâmes au moins devant une douzaine avant d'arriver à Varano.

Nous ne trouvâmes dans la maison où devait se tenir les conférences, que le général-major Knéséwich ; il nous adressa la parole en français et nous reçut avec politesse.

Comme nous ne pouvions discuter l'objet essentiel — (M. de Frelich n'étant pas arrivé), ce général porta la conversation sur l'état actuel de la littérature française ; il s'établit une conférence inattendue très-agréable ; l'amour des lettres produisit un miracle. Nous nous sentîmes du penchant pour M. Knéséwich, et il parut nous goûter beaucoup. Il devint en quelque manière notre présentation, et beaucoup de préliminaires fastidieux et dégoûtants tombèrent, grâce à ces études délicieuses qui, dans la guerre la plus animée, conservent les derniers liens par lesquels les nations civilisées se touchent encore. Nous causâmes ainsi près de deux heures et avec un intérêt si séducteur, que nous avions presque oublié, de part et d'autre, l'objet de notre réunion. Voilà les lettres ! elles réunissaient sur un champ ensanglanté des Français et un Croate, pour y parler de plus douces conquêtes et du paisible empire de l'esprit humain.

On ne croyait pas sans doute, à Ancône, que des commissaires envoyés pour traiter d'une importante négociation employassent le temps à parler avec un général ennemi de Lacépède, de Lebrun, de Kotzebue, de Mozart et même du roman du moine... ; et cependant cette dissertation si excentrique, je l'assure, ne nous fit pas de mal. (105)

Enfin le lieutenant-général de Frelich arriva. C'est un grand et bel homme, portant une figure allemande et bien militaire. On fit la lecture des articles de la capitulation ; les généraux de Skall, de Knéséwich et le chef de l'artillerie étaient parties discutantes.

Le lieutenant-général de Frelich ayant apposé sa signature à la capitulation et à ses articles additionnels, les commissaires français prenaient congé... mais on leur déclara, avec une spirituelle délicatesse que l'on violait à leur égard le droit des gens ; le général Frelich les invita à passer dans une salle voisine dans laquelle était servi un repas élégant. — « *Nous ne sommes plus que des amis,* fit-il dire par le général Knésévich ; *puissent nos nations s'asseoir bientôt comme nous au même banquet.* »

Un dîner si bon, du pain blanc et des fruits présentés à des assiégés depuis *cent quatre jours!...* Cependant nous mangeâmes peu ; fallait-il faire voir que nous étions dans la détresse ?

Les commissaires du conseil de guerre retournèrent le lendemain 24 brumaire, au quartier général autrichien, où les doubles de la capitulation furent collationnés et échangés. Le baron de Frelich me demanda si les forts étaient minés. Je savais que non : mais je lui répondis que cet objet n'étant pas de mon ressort, je ne pouvais le satisfaire, et que notre commandant du génie en instruirait son major-général d'artillerie. Celui-ci accompagné d'autres commissaires, vint en ville avec nous pour constater la situation des forts et des magasins. Ne voyant de tous côtés que brèches et décombres, observant toutes les pièces démontées ou crevées, n'ayant trouvé que quatorze milliers de poudre dont la moitié était avariée, il ne put retenir des larmes d'admiration : et se retirant sans donner de reçus, il dit : « *Vous n'avez conservé que la gloire ; nos reçus n'y ajouteraient rien... »*

Le premier consul *(Napoléon Ier si différent pour le courage et le génie de Napoléon III de triste mémoire),* a confirmé toutes les promotions faites pendant la défense d'Ancône : « Il a élevé le général Monnier au grade de divisionnaire. *Faire l'éloge du général Monnier,* dit l'auteur du rapport militaire, *serait affaiblir ce qu'il a fait. On peut le sentir, l'admirer, mais on ne l'exprime pas... »*

Il fallait à sa place un courage et un sang-froid à toute épreuve, un patriotisme de toute pureté, une âme remplie de qualités et de vertus... Autrement il eut perdu la division. Toujours il paya d'exemple, il marcha à la tête des colonnes. Abandonné, livré à ses moyens, il a créé les ressources qui l'ont soutenu. Chef, administrateur intrépide, prudent, terrible, indulgent tour à tour, tout lui réussit, parce qu'il ne travailla que pour son pays, la gloire et le véritable honneur. (106)

Le tableau que nous allons montrer après celui du siége d'Ancône, est moins patriotique ; le commandant en chef de l'armée de Metz fut traître à la patrie, malgré la bravoure de ses dignes soldats.

Capitulation de Metz

OU LE... *(point de nom pour exprimer l'indignation de la patrie mutilée et sanglante)* MARÉCHAL BAZAINE

RÉSUMÉ GÉNÉRAL

DE L'ACTE D'ACCUSATION DE L'EX-MARÉCHAL BAZAINE

par

le général Serré de Rivière. (107)

Résumé général

Le succès de la campagne de 1870 fut compromis dès le début par le défaut de préparation administrative, par la dispersion de l'armée sur la frontière et surtout par les hésitations du commandant supérieur. Une initiative hardie aurait pu changer les conditions de la guerre ; l'heure favorable écoulée, c'était l'ennemi qui allait prendre l'offensive, nous devions attaquer, nous fûmes réduits à nous défendre.

Malgré ce renversement des rôles, en si complet désaccord avec l'attitude de notre politique, si tout était compromis, rien n'était perdu. Le prestige de nos armes était intact ; l'armée, peu nombreuse il est vrai, était parfaitement encadrée et pleine d'ardeur ; le terrain sur lequel elle allait combattre avait été étudié depuis plusieurs années. Aussi, lorsque le 5 août, les deuxième, troisième et quatrième corps, reportés en arrière de la Sarre, furent placés sous les ordres du maréchal Bazaine, il était en mesure de répondre à une attaque par une victoire. Rarement, plus belle occasion ne fut offerte à un général en chef.

Si, au lieu d'une victoire, l'armée française eût à subir, le lendemain 6 août un véritable désastre, la responsabilité en incombe, pour la plus grande partie, au maréchal Bazaine, qui demeuré loin du champ de bataille, láissa sans secours efficace le général Frossard. Cette situation fut connue plus tard. L'instruction l'a mise au jour de la manière la plus complète ; mais au lendemain du 6 août comme auparavant, l'opinion publique continua à voir dans le maréchal Bazaine le seul général capable d'exercer le commandement de l'armée ; aussi sous sa pression, le maréchal Bazaine fut-il investi le 12 de ces hautes et redoutables fonctions.

Pendant la période qui s'écoula depuis la prise de possession de son commandement jusqu'à la capitulation de son armée, le maréchal Bazaine a-t-il fait tout ce que lui commandait le devoir et l'honneur ? Le conseil d'enquête a déjà répondu négativement à cette question. L'instruction a déjà confirmé cette appréciation.

Le maréchal avait à remplir des devoirs envers son pays et envers son armée.

Deux gouvernements se sont succédés pendant la période de son commandement. Quelle a été la conduite du maréchal vis-à-vis de chacun d'eux? A la suite du désastre de Sedan, et après que le maréchal Bazaine eût associé le sort de son armée à celui de la place de Metz, a-t-il fait pour prolonger la résistance de cette place tout ce que lui commandait les circonstances? Quelle a été enfin sa conduite envers ses lieutenants et envers ses soldats? Telles sont les questions que nous allons examiner.

Période du 16 Août au 1er Septembre

En abandonnant le commandement sous la pression de l'opinion publique, l'empereur avait donné un dernier ordre au maréchal Bazaine, celui de ramener l'armée à Châlons. En présence de la supériorité numérique de l'ennemi, supériorité qui lui permettait de déborder notre armée, il était extrêmement urgent de la reporter en arrière, afin de pouvoir encadrer dans ses rangs les réserves appelées sous les drapeaux.

Par suite de circonstances sur lesquelles il n'y pas à revenir, et notamment de l'exiguité des effectifs. On avait dù envoyer à la frontière la presque totalité des régiments et engager la guerre presque uniquement avec des cadres. Rien n'était plus pressé que ¸de reconstituer au moyen des réserves, les effectifs de guerre, car ces cadres, une fois bloqués sous Metz, il devenait impossible de constituer d'une manière solide, de nouvelles armées. L'événement ne le prouvera que trop.

Cette situation frappait tout particulièrement l'esprit de l'empereur qui ne cessa, dans les journées des 13 et 14 août, d'insister auprès du maréchal pour qu'il activât son mouvement de retraite, et qu'il ne quittât l'armée qu'au moment où, arrivée sur les plateaux, elle allait se mettre en marche sur Verdun.

Quand au maréchal Bazaine, dont les hésitations de l'empereur avaient souvent augmenté les embarras, il n'avait qu'un désir : se soustraire à la tutelle du souverain, et cette unique préoccupation allait, dès l'origine, l'entraîner aux plus regrettables décisions.

Ainsi, alors que son expérience devait lui faire voir quel puissant intérêt il y avait pour lui à se dégager par

une prompte retraite du flot de l'invasion, et pour cela à
activer la marche de l'armée, le maréchal Bazaine, au
lieu de partir le 13 août, ne se mit en marche que le 14
dans l'après-midi.

Tout lui commandait d'entraver la marche de l'ennemi en rompant les ponts de la Seille et de la Moselle, et
cependant il les laissa intacts.

Enfin, au lieu d'utiliser les quatre routes qui relient
Metz aux plateaux, il entasse toute l'armée sur le grand
chemin de Verdun, où se produit immédiatement une
confusion inexprimable, cause de nouveaux retards.
A la vue de cette confusion, le maréchal malgré les re-
présentations de l'intendant en chef, donne l'ordre
de licencier le train auxiliaire qui portait les vivres,
et cependant le 16 au soir, il chercha dans une pénurie
de vivres qui n'existait heureusement pas, mais que
cette mesure aurait pu causer un motif pour ne pas continuer sa marche.

Dès le matin du 16, l'empereur, que les nécessités
pressantes du gouvernement rappelaient dans l'intérieur
de la France voyant l'armée massée sur les plateaux et
au moment de s'ébranler définitivement dans la direction de Verdun, part en avant. Aussitôt après, et bien
qu'un retard de quelques heures pût tout compromettre,
le maréchal ajourne le départ. La résolution de ne plus
exécuter les ordres qu'il avait reçus, dès que le souverain se serait éloigné étant déjà arrêtée dans son esprit.
La déposition de l'intendant général Wolff, qui vint prendre ses instructions le 16 avant le jour, nous montre le
maréchal concevant pour le jour même le projet d'une
opération sur Pont-à-Mousson. Dès la veille, le maréchal
avait laissé entrevoir à un officier supérieur d'artillerie,
son intendant, de ne pas passer la Meuse.

Déjà l'ennemi a su profiter des premières fautes commises, et nous sommes attaqués. La bataille de Rezonville s'engage : nous demeurons maîtres du terrain. Les routes d'Etain et de Briey sont libres ; en se mettant en marche dès le lendemain 17, et en couvrant sa retraite par cinq divisions d'infanterie qui n'avaient pas été engagées la veille, le maréchal aurait pu devancer l'ennemi dans la direction du Nord, puisque ce fut seulement dans l'après-midi du 18 que les masses prussiennes arrivant à marches forcées, purent atteindre Saint-Privat.

Nous avons vu combien étaient peu fondées les raisons que le maréchal Bazaine allégua pour justifier sa détermination de suspendre le 17 la marche de l'armée. Il voulait se ravitailler, a-t-il dit, en vivres et en munitions, mais ni les vivres, ni les munitions ne lui faisaient défaut, et combien même ce besoin eût été réel, il ne nécessitait aucun mouvement en arrière.

Le maréchal découvre le fonds de sa pensée lorsqu'il annonce à l'empereur le 16 au soir, qu'il va s'établir sur la ligne de Vigneulles-Bessy, c'est-à-dire sur les glacis des forts de la rive gauche.

Une fois décidé à suspendre sa marche, un devoir impérieux lui commandait d'en informer l'empereur et le ministre. Le télégraphe est à sa disposition ; il n'en use pas pour rendre compte de l'issue du combat qu'il vient de livrer, de la situation de son armée.

En confiant le rapport rédigé aussitôt après la fin du combat à un courrier qu'il dirige par Verdun, et qui ne doit arriver que le lendemain, il retarde d'un jour le moment où l'empereur, informé, pourra prendre une décision et lui réitérer l'ordre de reprendre sa marche. Le lendemain 17, ne recevant pas de nouvelles, l'empereur réclame. « *Dites-moi la vérité pour que je règle ma con-*

duite ici. » Au lieu de lui répondre par télégraphe, c'est par un nouveau courrier, le commandant Magnan, que le maréchal envoie un second rapport, retardant ainsi, encore cette fois, d'une journée, le moment où les ordres du souverain pourront lui parvenir.

Le commandant Magnan apportait-il au moins la vérité à l'empereur ? Loin de là ; il dépeint la position de l'armée de Metz, l'état de ses ressources sous un jour tel que le maréchal de Mac-Mahon, ainsi que nous l'apprend la déclaration de M. Rouher devant la commission d'enquête du 4 septembre, ne croit pas qu'il aura le temps d'arriver assez tôt pour dégager le maréchal Bazaine. De qui le commandant Magnan tenait-il ces renseignements sinon de celui qui l'envoyait ? Or, le 17 au soir, au moment où cet officier supérieur partait, le maréchal devait être rassuré, si jamais il avait été sérieusement inquiet sur la situation de ses ressources, et savoir qu'il possédait largement les moyens de reprendre sa marche.

Le 16 au soir, nous avons vu le maréchal décidé tout d'abord à se retirer sur la ligne de Vigneulles-Lessy, puis hésiter devant ce mouvement trop franchement rétrograde et établir son armée en haut des berges du vallon de Monceaux. Dès le 17, une déposition nous le montre reprenant la pensée de rejoindre le jour même la ligne de Vigneulles-Lessy ; il fait étudier ce mouvement le 18 au matin, et donne à ce moment même l'ordre au maréchal Canrobert auquel il signale l'approche de l'ennemi, de faire exécuter à ses troupes, s'il est trop vivement pressé, une conversion à droite pour aller occuper des positions en arrière. — Le maréchal a cherché à établir qu'il voulait livrer le 18 une bataille défensive, afin de pouvoir, après un succès, reprendre sa marche vers l'intérieur. — L'ordre dont il vient d'être question, démontre combien le maréchal était éloigné de cette pensée. S'il eût voulu reprendre sa marche vers le nord et se retirer après le premier choc sur le contre-fort de Saint-Quentin, il aurait placé à la droite de son armée ses meilleures troupes et tenu à la porté de ce point la garde, sa belle cavalerie et la réserve générale de l'artillerie restée muette pendant cette bataille qui décida du sort de la guerre.

Les ordres qu'il donna le 18 au soir, et dont le détail était arrivé depuis le matin, prouvent nettement combien peu il se préoccupait de reprendre sa marche. S'il eût voulu de nouveau déboucher, il aurait nécessairement cherché à conserver ses positions, par lesquelles le contre-fort de Saint-Quentin, se rattache aux plateaux. Au lieu de cela, le maréchal ne prescrit aucune disposition dans le but de se maintenir dans les bois de Saulny, et par là, fasse pour ainsi dire, tirer le verrou derrière lui.

Cependant le maréchal écrit le 19 à l'empereur :

« Je compte toujours prendre la direction du nord. »

Devant cette affirmation, l'empereur doit penser que le maréchal Bazaine est encore libre de ses mouvements, et le maréchal de Mac-Mahon qui le croit déjà en marche, part le 22 pour lui donner la main.

Le 20 août, alors que le maréchal Bazaine déclare au maréchal de Mac-Mahon qu'il le préviendrait de sa marche, si toutefois il croit pouvoir l'entreprendre sans compromettre l'armée ; il fait cette réserve si essentielle, à l'empereur et au ministre, et les entretient ainsi l'un et l'autre dans la pensée qu'il n'hésite pas à se conformer aux ordres reçus.

Enfin, le 26, quand il est sûr que le maréchal de Mac-

Mahon a entamé son mouvement et quand il a obtenu de ses lieutenants, on sait par quelle manœuvre, un avis confirmant ses secrets desseins, il démasque ses intentions, en annonçant au ministre qu'il est impossible de forcer les lignes ennemies, invoquant ainsi un motif faux pour justifier son inaction, et, cependant le lendemain 27, partait de Thionville une dépêche pour le maréchal de Mac-Mahon, et où on lisait ces mots : « *Nous sommes cernés, mais faiblement : nous pourrons percer quand nous voudrons.* »

Devant cet ensemble de faits, l'instruction conclut que le maréchal Bazaine, bien loin de remplir ses devoirs envers l'empereur, l'a constamment trompé, et qu'en déterminant, par ses faux renseignements cette marche vers Montmédy, qui aboutit au désastre de Sedan, le maréchal a assumé une grande part de la responsabilité de cette catastrophe.

Période du 1ᵉʳ Septembre au 29 Octobre.

La nouvelle des événements de Sedan, parvint au maréchal Bazaine dans les premiers jours de Septembre. Dès ce moment, celui-ci qui avait jugé nécessaire d'attendre la venue du maréchal de Mac-Mahon pour sortir du camp retranché, considère comme impossible de quitter Metz. L'existence de son armée était désormais liée à celle de la place.

Quelques jours après, le maréchal apprit les événements de Paris, et reçut les premières proclamations du gouvernement de la *Défense nationale*.

Une guerre à outrance est décidée ; Paris peut tenir

trois mois. Une Assemblée nationale sera élue le 16 octobre et fera entendre la voix du pays. Tel est le résumé
des nouvelles apportées par Pennetier. Le maréchal
accepte sans protestation le nouvel ordre de chose. Le
12 septembre en annonçant à ses généraux les événements de Sedan et de Paris. Il terminait son discours en
disant qu'il ne restait plus qu'à attendre les ordres du
gouvernement. « *De quel gouvernement parliez-vous?*
a-t-il demandé au maréchal, — « *Du gouvernement de
la Défense nationale,* » a-t-il répondu.

Le 16 septembre, un ordre du maréchal porte à la
connaissance de l'armée la constitution du nouveau gouvernement. Le commandant en chef de l'armée du Rhin
ne figurait pas au nombre des membres du pouvoir qui
venait de se constituer ; nous avons vu avec quelle habileté l'ennemi sut tirer parti de cette circonstance.

Le 11 septembre un communiqué officiel du gouvernement prussien déclarait que les puissances allemandes
ne traiteraient de la paix qu'avec l'empereur, l'impératrice ou le maréchal Bazaine. A quel moment ce communiqué est-il parvenu dans les mains du maréchal?
L'instruction n'a pu le préciser ; mais l'ennemi avait un
trop grand intérêt à lui faire connaître et une trop
grande facilité à le lui faire parvenir, pour que l'arrivée
de ce document à Metz puisse être de beaucoup posté-
rieur à sa publication. Cette affirmation est justifiée par
ce fait, que le 11 septembre des relations étaient déjà
établies entre le prince Frédérick-Charles et le maréchal.

Dès le 16 septembre, l'influence de ce communiqué se
fait sentir. Ce même jour, le commandant en chef, qui
vient d'enregistrer officiellement l'avènement du nouveau pouvoir, demande au prince Frédérick-Charles de

lui dire *franchement la vérité sur la situation*. A partir de ce moment, si ce n'est plus tôt, s'engagent pour durer jusqu'à la fin du blocus, des communications personnelles et secrétes entre les deux généraux en chef, communications indiscutables, avérées, mais dont presque toutes les traces ont été supprimées.

Le 23 septembre, entre en scéne le sieur Régnier, il arrive de Hastings ; il a vu M. de Bismarck ; il fait connaître au maréchal que les gouvernements allemands désirent restaurer le régime impérial et constituer, en dehors du gouvernement de la Défense nationale, un pouvoir régulier avec lequel ils puissent traiter. Régnier veut savoir si l'armée de Metz est engagée vis-à-vis du pouvoir nouveau, ou si elle est encore libre, et dans ce cas, si son chef consentirait à prêter son concours pour réaliser cette combinaison admise par M. de Bismarck.

En face des brillantes perspectives qui s'ouvrent devant lui, le maréchal adhére non-seulement sans hésitation, en son nom et au nom de ses lieutenants, aux propositions de Régnier ; mais, chose inouïe, il lui livre le secret de la durée de ses vivres. Sur le conseil du maréchal, le général Bourbaki se rend auprés de l'impératrice.

Régnier repart ; un malentendu surgit avec l'ennemi. Le maréchal cherche, mais en vain, à le dissiper en écrivant au général de Stiehle et en offrant de nouveau de capituler avec les honneurs de la guerre.

Mais Régnier ne donne plus de ses nouvelles ; son silence, après le 20 octobre, signifie que les négociations ont échoué.

Ainsi, le maréchal Bazaine, à l'instigation du premier venu que n'accréditent aucuns pouvoirs, dont l'entente avec l'ennemi est patente, entre dans une intrigue politique nouée en vue du renversement du nouveau pouvoir dont il vient de notifier l'avénement à son armée. Dès le 23 septembre, alors que son armée était en état de combattre, qu'il a des vivres et des munitions, et que depuis le 1er septembre il n'a fait aucun effort pour forcer les blocus, il offre de capituler et de concourir à l'établissement d'un pouvoir régulier, bien que cette capitulation, en rendant à l'ennemi toute liberté d'action, dût permettre à l'armée de blocus, d'accabler les autres armées françaises, bien que le renversement du nouveau gouvernement dût fatalement provoquer une guerre civile.

Le devoir du maréchal était cependant parfaitement défini. Il devait combattre. S'il se croyait hors d'état de tenir la campagne, il pouvait du moins opérer autour de Metz et, par des attaques incessantes, détruire en détail l'armée du blocus. Le mois de septembre s'écoule pourtant dans une inaction funeste ; pendant ce temps les vivres vont s'épuisant. Aucune précaution n'est prise pour en prolonger la durée, et cependant, le maréchal, résolu à ne pas quitter le camp retranché, sait parfaitement que la question des vivres domine tout, puisque la capitulation sera la conséquence de leur éloignement.

Pourquoi, au lieu de prèter l'oreille aux suggestions de l'ennemi, le maréchal Bazaine ne se mit-il pas en relations avec le gouvernement de la Défense nationale ? Son intérêt personnel engagé dans ses relations avec l'ennemi peut seul l'en détourner. On ne peut considérer que comme des tentatives perdues, l'envoi des deux dépêches banales que, pendant toute la période du blocus jusqu'à la veille de la capitulation, il se contenta d'expédier au ministre de la guerre.

Au moment même (le 25 septembre) où il vient de livrer au sieur Régnier le secret de ses vivres, il tait au ministre de la guerre le terme inévitable et prévu de sa résistance et ne donne aucune information sur ses projets.

Enfin, il oublie ses devoirs envers son pays au point de ne pas songer à prescrire au général Bourbaki de transmettre au gouvernement qui combat l'invasion, des nouvelles de son armée, dans le cas où sa mission près de l'impératrice échouerait.

Les occasions abondaient d'ailleurs pour correspondre avec l'intérieur de la France. Les gens du pays allaient et venaient ; les émissaires de l'état-major sortaient journellement ; ils rendaient compte de ce qui se passait au-delà des lignes de l'armée de blocus, mais ils ne recevaient jamais l'ordre d'aller chercher des nouvelles dans l'intérieur. Des ballons emportaient des millliers de lettres, mais jamais une dépêche du maréchal pour le ministre de la guerre. Devant cet ensemble de faits, on est en droit de conclure que, si le maréchal ne s'est pas mis en communication avec le ministre de la guerre, c'est qu'il ne l'a pas voulu.

Pendant que le maréchal s'isolait de parti-pris du gouvernement de la Défense nationale, celui-ci se multipliait ses tentatives pour communiquer avec le commandant en chef de l'armée de Metz ; et tandis qu'il réussissait à faire arriver des nouvelles dans les places assiégées, et notamment à Strasbourg, à Belfort et à Bitche, rien, au dire du maréchal Bazaine, ne parvenait à Metz, et l'instruction sait positivement aujourd'hui qu'un émissaire venu de Thionville, le sieur Nisse, est entré à Metz dans les derniers jours de septembre, apportant au maréchal la nouvelle que de grands approvisionnements avaient été réunis à Thionville et à Longwy.

En ne se mettant pas en communication avec le gouvernement de la Défense nationale, alors qu'il le pouvait, le maréchal a manqué à tous ses devoirs envers la France. Son armée était le seul espoir de la nation ; tant qu'elle restait debout, rien n'était perdu ; chaque jour, on espérait voir le maréchal, brisant l'étreinte de l'ennemi, regagner l'intérieur du pays, que les nouvelles levées privées de cadres, étaient impuissantes à protéger. Dans cette situation, si le maréchal se fût mis en relation avec le gouvernement qui avait pris en main la défense du territoire, pour combiner avec lui une action commune, soit dans les Vosges, soit dans une autre direction, qui peut dire ce qui en serait résulté ?

A cet instant suprême, qu'importait les questions de gouvernement ? Nous étions exposés à perdre l'Alsace et peut-être la Lorraine, et c'est le moment que choississait le général en chef pour garder l'inaction et négocier avec l'ennemi ? L'impératrice était autrement inspirée, lorsque dans l'audience de congé qu'elle donna au général Bourbaki, elle lui conseillait d'aller à Tours offrir le concours de son épée à la cause de l'indépendance nationale.

Si un pareil acte honore celle qui savait imposer silence à ses regrets, il fait d'autant plus ressortir les calculs ambitieux du maréchal qui, dans les malheurs de sa patrie, ne cherchait qu'une occasion pour élever encore sa fortune.

Devant cet élan de l'impératrice, on comprend avec quelle hauteur, après avoir désavoué l'intrigue Régnier, elle aurait repoussé une convention dont la première clause était fatalement un démembrement du territoire.

Si devant le silence de Régnier, le maréchal a repris

des négociations qu'il savait à l'avance devoir échouer, ce ne fut pas un retour de fidélité qui l'inspira.

Le communiqué de Reims avait associé sa fortune politique au succés des desseins poursuivis par l'ennemi.

C'est là qu'il faut cherche le mobile de sa conduite, et non dans les intérêts d'une cause qu'il avait abandonnée, et vers laquelle le ramenaient maintenant les visées égoïstes de son ambition.

Devoirs envers la Place de Metz

Lorsqu'après la bataille de Saint-Privat, le maréchal Bazaine ramena son armée dans le camp retranché de Metz, il changeait complétement les conditions de la défense de ce boulevard du pays ; les approvisionnements qu'il avait laissés à Metz étaient loin de suffire, à une résistance aussi prolongée que le comportait l'importance de cette place. Le retour de l'armée aggravait singuliérement cette situation. Et cependant le maréchal ne prit aucune mesure pour recueillir les ressources existant à la porte de ses camps, et restituer ainsi à la place les vivres que son armée consommait.

Lorsque, à la suite du désastre de Sedan, il jugea impossible de quitter le camp retranché que la présence de son armée rendait inattaquable, tout se réduisait à une question de vivres. Nous avons vu quelle négligence avait présidée à la constitution des approvisionnements et quelle responsabilité incombe à ce sujet au commandant supérieur de Metz : la première préoccupation du maréchal aurait dû être dans ces conditions de chercher à recueillir de nouvelles ressources tout au moins de prendre des mesures pour en prolonger la durée, en mettant en commun les vivres de la ville et de l'armée, et en ordonnant un rationnement général.

Au lieu de cela, le maréchal, préoccupé seulement de maintenir, dans l'intégrité de ses forces, l'armée que ses menées politiques destinaient à quitter le camp retranché d'accord avec l'ennemi, a gaspillé ses ressources, se croyant toujours à la veille de réussir dans ses négociations ; non-seulement il n'a pas ménagé les magasins militaires, mais, au moyen d'achats administratifs ou individuels, il a absorbé, pour les besoins de son armée, et notamment pour nourrir des chevaux qu'il a dû, plus tard, laisser mourir de faim ou remettre à l'ennemi, une grande partie des blés de la place. La quantité de pain provenant des réserves des particuliers qui fût ainsi consommée, dépasse vingt jours de subsistances pour la garnison et la population de Metz.

La conduite du maréchal condamnait à une capitulation prématurée la place de Metz, dont le commandement avait été confié au général Coffinières. Cet officier général, qui sut protester dans les derniers jours, mais alors qu'il était trop tard, contre les exigences du maréchal, garda le silence au moment opportun. Malgré les prescriptions formelles du décret de 1863, le Conseil de défense et le Comité de surveillance des approvisionnements qui auraient pu faire entendre également leur voix, ne furent constitués que lorsque les magasins étaient vides, alors seulement qu'il n'y avait plus qu'à constater l'absence de ressources et l'impossibilité de prolonger la résistance.

On ne saurait voir dans cette dérogation à la loi dont le maréchal devait assurer l'exécution, que la volonté de soustraire à tout contrôle une situation qui aurait provoqué des réclamations embarrassantes.

La durée des subsistances pour l'armée et la ville, sur le pied de 258,000 rationnaires, pouvait être tout autre qu'elle ne fut. Si le maréchal eût fait son devoir, ce n'est pas le 28 octobre que les vivres auraient fait défaut, mais bien le 7 janvier.

Quand on se reporte aux efforts tentés par l'armée de la Loire et aux dates où ils se produisirent énergiquement, on est eu droit de conclure que la négligence du maréchal dans la question des vivres devait faire échouer fatalement ces efforts. Si le maréchal était parti le 1er novembre, après avoir recueilli les ressources existant à portée de ses camps, la place aurait prolongé sa résistance bien au-delà de la durée de la guerre. S'il en eut été ainsi, les efforts patriotiques de M. Thiers, pour conserver la Lorraine, auraient été couronnés de succés.

Devoirs envers l'Armée

Le maréchal Bazaine a-t-il rempli ses devoirs envers ses lieutenants et envers ses soldats ? C'est ce qu'il nous reste à examiner.

Que doit un général en chef à ses lieutenants ? La vérité lorsqu'il consulte, l'appui lorsqu'ils combattent, la loyauté quand il ordonne.

La vérité, le maréchal Bazaine l'a constamment cachée à ses lieutenants, même lorsque, par une dérogation étrange aux devoirs du commandant, il cherchait à se décharger de la responsabilité de ses résolutions sur les commandants de corps, résolutions que la loi lui faisait un devoir de prendre de lui-même, le Conseil entendu et la séance levée.

Le 26 août, dans la conférence de Grimont, le maréchal garde le silence sur la marche du maréchal de Mac-Mahon, et laisse dire que l'armée n'a de munitions que pour une seule bataille, accréditant ainsi par son silence cette étrange assertion.

Le 10 octobre, alors que des résolutions du Conseil va sortir la décision qui fixera le sort de l'armée, le maréchal ne fait pas connaître ses pourparlers avec le prince Frédérick-Charles, l'incident Régnier, la mission du général Bourbaki, l'échec des négociations qu'il a déjà entreprises.

Le 9 octobre, le maréchal laissa le général Boyer dépeindre au Conseil l'état de la France sous un aspect désespéré, dont il connaît pourtant la fausseté ; les journaux rapportés par le général Boyer et remis au maréchal Bazaine pouvaient éclairer les commandants de corps sur la situation. Il ne leur en donne pas communication.

En passant sous silence les circonstances les plus essentielles pour apprécier les diverses situations sur lesquelles il demandait leur avis à ses commandants de corps, en provoquant ainsi des résolutions dont la connaissance de la vérité aurait détourné ses lieutenants, le maréchal écrivait le 4 octobre : « *Le devoir d'un général en chef est de ne rien laisser ignorer, en pareille occurrence, aux commandants de corps placés sous ses ordres,* » et qui, par cette déclaration, ne cherchait à leur inspirer confiance que pour en abuser, a manqué à ses devoirs envers eux.

Le maréchal Bazaine a-t-il soutenu ses lieutenants quand ils étaient engagés contre l'ennemi? Nous avons vu quel appui il donna au général Frossard, alors que les troupes dirigées par celui-ci le 9 août, n'avaient pas l'ordre de se mettre à sa disposition.

Nous avons vu comment, le 18 août, le maréchal Bazaine resta sourd aux appels pressants, réitérés du machal Canrobert, engagé dans un combat inégal où il devait succomber.

Nous avons vu le maréchal faire passer, le 26 et le 31 août, son armée sur la rive droite de la Moselle, alors que le maréchal de Mac-Mahon, devait arriver par la rive gauche, réservant ainsi à son lieutenant tout le poids de la lutte.

Comment, dans les circonstances critiques, le maréchal transmettait-il ses ordres? Il suffit pour l'indiquer de rappeler l'ordre confidentiel adressé le 1er septembre au matin, aux commandants de corps, par lequel il leur laissait le soin de prendre une décision dont il pouvait ainsi décliner les conséquences et la responsabilité.

Devant l'écroulement du régime impérial, il n'eût pas été surprenant de voir se reproduire parmi les chefs de l'armée, que des sentiments personnels de reconnaissance rattachaient naturellement à l'empereur, des regrets en opposition avec le nouvel ordre de choses.

Rien de semblable ne se produisit ; ils restèrent fidèles à leur devoir militaire. Pourquoi fallût-il que leur chef, dont le rôle aurait été de détourner leur esprit de toute préoccupation politique, s'efforçât au contraire de les pousser, dans une voie que ses paroles leur démontraient comme seule ouverte au salut de l'armée.

Le maréchal Bazaine a formulé, à diverses reprises
des plaintes contre ses lieutenants, et cependant il a toujours trouvé chez eux un concours actif et dévoué. Tout
entier aux devoirs de la discipline, ils donnèrent l'exemple de la déférence et de la subordination. En revanche,
le maréchal les a-t-il constamment couverts de sa propre
responsabilité ? Il n'est pas besoin de répondre ; les faits
parlent assez haut.

Devoirs envers ses Soldats

Un général en chef doit savoir verser sans hésitation
le sang de ses soldats, lorsque le salut du pays le commande. (108) Mais autant, dans ce cas, il doit demeurer absolument sourd à la voix d'une fausse humanité,
autant il doit être ménager de leur existence, quand un
douloureux sacrifice est inutile.

Onze mille soldats de l'armée de Metz sont morts de
maladie et de misére en Allemagne. N'eût-il pas mieux
valu que ces existences eussent été immolées pour assurer la sortie de l'armée ? Quel sacrifice eût été plus légitime et plus glorieux ?

Par contre, pourquoi le maréchal, alors qu'il était résolu, le 18 août, à rentrer dans le camp retranché a-t-il
sacrifié *douze mille* hommes pour tenir un jour de plus
en haut des berges du vallon de Monvau, position qu'il
devait abandonner le lendemain ?

Un général en chef est le gardien de l'honneur de ses
soldats. Si l'éclat d'une résistance glorieuse rejaillit sur
tous ceux qui y prirent part, le général doit toujours se

rappeler que sa propre faiblesse pourra provoquer un jour contre ses soldats les injustices de l'histoire — *celle-ci, cependant rend hommage à nos braves soldats de l'armée de Metz.* — Après avoir combattu vaillamment jusqu'au 1ᵉʳ septembre, eut *quarante mille hommes mis hors de combat,* il fut doublement douloureux pour l'armée de demeurer dans l'inaction la plus funeste depuis ce moment jusqu'au jour du désastre. Une destinée meilleure était due à une armée qui ne marchande jamais, ni ses efforts ni son sang.

L'honneur d'une armée se symbolise dans les drapeaux. Le devoir d'un général, si la fortune des armes lui devient contraire, est de le soustraire aux humiliations de la défaite. Le maréchal Bazaine a-t-il rempli ce devoir ? L'histoire dira que, lorsqu'il pouvait détruire les drapeaux de son armée il les livra à l'ennemi.

Après un combat acharné, si les armes deviennent le prix de la victoire, l'honneur des vaincus est sauf. Mais si une longue inaction a précédé le moment de la capitulation, que peut-il y avoir de plus amer pour une armée que de déposer ses armes ? Du moment où le temps ne lui faisait pas défaut pour les détruire, le maréchal Bazaine aurait dû épargner à ses soldats cette dernière humiliation, en leur ordonnant de les briser. Ne devait-il pas comprendre d'ailleurs qu'en les remettant à l'ennemi, celui-ci allait les retourner contre d'autres soldats français.

Il est un sentiment qui adoucit l'amertume des plus tristes situations, la sollicitude du chef pour ses soldats. Les soldats ont besoin de voir leur général. Sa vue ranime la fermeté et l'espoir. Plus qu'à tous les autres, des marques de sympathie sont dues aux blessés ; or, il est triste d'avoir à dire que le maréchal ne passa jamais de revues et que jamais il ne visita les nombreuses ambulances où les habitants de Metz de toute condition, rivalisaient de zéle et de dévouement avec nos médecins militaires, pour soigner les malades et les blessés.

Une des clauses de la capitulation épargnait la captivité aux officiers qui prenaient l'engagement de ne rien faire contre les intérêts de l'Allemagne pendant la durée de la guerre. Pourquoi le maréchal Bazaine admit-il une condition qui pouvait provoquer de blamables défaillances? Pourquoi, dans la remise de l'armée à l'ennemi, sépare-t-il le sort du soldat de celui des officiers? Pourquoi n'a-t-il pas tracé à ce sujet le devoir des officiers d'une maniére assez nette pour éviter toute confusion? On ne trouve pas de réponse plausible à ces demandes.

Une fois la capitulation signée, il restait au maréchal un dernier devoir à remplir : demeurer jusqu'à la fin au milieu de ses malheureux soldats afin de pouvoir intervenir en leur faveur en cas de difficultés avec l'ennemi. C'était la seule marque de sollicitude qu'il pût encore leur donner ; mais le maréchal Bazaine, qui aurait dû partir le dernier, quitta son quartier général avant même que la place eût été remise à l'ennemi.

Une semblable conduite devait engendrer la confusion la plus regrettable, on oublia de pourvoir aux besoins des troupes pendant la journée du 20, tandis qu'on laissait dans les magasins des forts et de la place un jour de vivres qui furent officiellement remis à l'ennemi.

En résumé, en demeurant contre les ordres de l'empereur dans le camp retranché de Metz, en déterminant par les faux renseignements la marche de l'armée de Châlons vers lui, le maréchal Bazaine a été la cause principale du désastre de Sedan.

En s'isolant de parti-pris du gouvernement de la Défense nationale, après l'avoir reconnu en demeurant dans l'inaction alors qu'il était possible de percer les lignes du blocus ; en foulant aux pieds ses devoirs militaires pour s'engager avec l'ennemi dans des termes politiques ayant pour but la satisfaction personnelle, prêt à se soumettre ; pour assurer son succés, à un démembrement du territoire ; en trompant ses lieutenants toutes les fois qu'il les consulta ; en surprenant la confiance de ses soldats pour leur retirer les drapeaux destinés à être remis à l'ennemi ; en sacrifiant la durée de la résistance de Metz aux succés de ses trames, le maréchal Bazaine a manqué à ses devoirs envers le pays et envers son armée.

Conclusion

Entreprise sans préparation, sans alliance sérieuse, sans plan de campagne, contre un ennemi qui, depuis de longues années, étudiait le moyen de nous combattre ; la guerre de 1870 n'a été qu'une série de désastres.

Parmi ces désastres, celui de l'armée de Metz est demeuré le plus grand, parce qu'une fois qu'il fut consommé, tout fut perdu pour les armées nationales. Si la lutte continua, c'est que les Français, en dehors de toute préoccupation politique, comprenaient que devant un démembrement inévitable il fallait engager jusqu'au dernier de leurs enfants, afin d'avoir le droit de dire, comme autrefois un de nos rois en semblable infortune.

« Tout est perdu, fors l'honneur. »

Les luttes de l'armée forment donc le nœud de la guerre et sa fin lamentable. Les destinées de cette armée avaient été confiées au maréchal Bazaine. Il n'a pas répondu à cette confiance qui faisait de lui l'arbitre du sort de la patrie.

L'infortune est sacrée quand elle a pour compagne la loyauté ; mais si les calculs misérables de l'ambition personnelle ont dicté les résolutions qui précipitèrent le désastre, il faut que justice soit faite.

Le commandement exercé par le maréchal Bazaine s'étendait non-seulement sur son armée, mais encore sur la place de Metz.

En maintenant son armée dans l'enceinte du camp retranché, le maréchal Bazaine a ajouté à ses obligations, comme commandant d'armée, celle de commandant de la place de Metz.

Les intérêts de la place et de l'armée se sont ainsi fortement liés et presque toujours confondus. Cette situation a, par la suite, imprimé aux mesures prises par le maréchal un double caractère.

Dès le début, l'instruction montre le maréchal Bazaine contribuant, pour une large part, à la perte de la bataille de Forbach, en ne prescrivant pas aux généraux de division du troisième corps de se porter en toute hâte au secours du général Frossard, placé également sous ses ordres, alors qu'il lui annonçait son concours.

L'instruction a établi les faits suivants, accomplis postérieurement à la prise de commandement du maréchal Bazaine, et desquels il résulte qu'il n'a pas fait avant de traiter tout ce que le devoir et l'honneur lui commandaient de faire.

Le maréchal Bazaine a trompé la confiance de l'empereur, qui avait prescrit de battre rapidement en retraite :

1° En retardant le départ de l'armée jusqu'au 14 août dans l'après-midi ;

2° En ne faisant pas détruire les ponts dont l'ennemi pouvait faire usage ;

3° En n'utilisant, à la sortie de Metz, qu'une route pour la marche de l'armée, alors qu'il en existait quatre disponibles :

4° En donnant l'ordre de licencier le train auxiliaire qui portait les vivres de l'armée ;

6° En ne continuant pas sa marche le 17 août, le maréchal Bazaine a laissé écraser, dans la bataille du 18 août, un de ses lieutenants, le maréchal Canrobert, malgré ses appels pressants et réitérés, alors qu'il maintenait dans l'inaction la presque totalité des réserves.

Le maréchal Bazaine a trompé l'empereur et le ministre de la guerre jusqu'à la fin d'août, sur sa situation et sur ses projets.

1° En se représentant comme dépourvu de vivres et de munitions en quantités suffisantes pour reprendre sa marche ;

2° En annonçant le 19 août, son intention de partir pour Montmédy, ce qui pouvait donner à croire après la bataille de Saint-Privat, qu'il devait toujours déboucher dans cette direction, nouvelles qui ont déterminé le départ du maréchal de Mac-Mahon vers la Meuse ;

3° En annonçant faussement au ministre, le 20 août alors qu'il connaissait la marche de l'armée de Châlons, qu'il était impossible de forcer les lignes ennemies, tandis qu'il écrivait au maréchal de Mac-Mahon qu'il pourrait les percer quand il le voudrait.

Le maréchal Bazaine n'a fait aucune tentative sérieuse afin de venir en aide au maréchal de Mac-Mahon, aprés avoir provoqué sa marche. ce qui, en laissant supporter à son lieutenant tout le poids de la lutte, a amené le désastre de Sedan.

Le maréchal Bazaine a abusé de la confiance de ses lieutenants dans la conférence tenue à Grimont le 26 août :

1º En leur cachant la marche de l'armée de Châlons :

2º En ne leur donnant pas communication des dépêches transmises par lui à l'empereur, au ministre et au maréchal de Mac-Mahon ;

3º En laissant affirmer que l'armée n'avait de munitions que pour une bataille, alors qu'il savait, depuis le 21 août que les approvisionnements étaient reconstitués.

Le maréchal Bazaine n'a pas ordonné, dès le 12 août, au moment où la retraite de l'armée de Châlons décidée, la place de Metz allait être abandonnée à elle-même, les mesures prescrites par le décret du 13 octobre 1864, en vue de l'éventualité d'un siége.

Le maréchal Bazaine a négligé, au moment où il est rentré dans le camp retranché, de recueillir les ressources des environs de Metz afin de restituer à la place les vivres que consommait son armée, comme le prescrit formellement le décret précité.

Le maréchal Bazaine n'a ordonné, une fois résolu à ne plus quitter le camp retranché, aucune opération dans le but de constituer des ressources spéciales pour son armée.

Le maréchal Bazaine a laissé gaspiller les approvisionnements :

1º En ne réduisant pas immédiatement le taux de la ration de l'armée ;

2º En ne prescrivant pas le rationnement de la population civile ;

3º En permettant aux soldats d'acheter du pain et des denrées en ville en sus de leur ration ;

4º En donnant du blé et du seigle aux chevaux, alors qu'il y avait assez de fourrage pour nourrir le nombre d'animaux nécessaire pour la consommation des hommes jusqu'à l'épuisement du pain.

Le maréchal a propagé des nouvelles données par l'ennemi à M. Debains, lesquelles étaient de nature à porter atteinte au moral de l'armée et dont quelques-unes étaient fausses.

Le maréchal, alors que le décret du 13 octobre 1863 prescrit de demeurer sourd aux nouvelles que l'ennemi ferait parvenir, a demandé au général en chef ennemi de le renseigner sur la situation de la France.

Le maréchal Bazaine, après avoir reconnu le nouveau gouvernement, a prêté l'oreille aux propositions apportées de Ferrières, par le sieur Régnier, et aux projets de restauration formulés par cet agent.

Le maréchal Bazaine a chargé le sieur Régnier de déclarer qu'il était prêt à capituler avec son armée sous la condition d'obtenir les honneurs de la guerre, alors qu'il avait encore des vivres pour plus d'un mois et des munitions au delà de ses besoins.

Le maréchal Bazaine a fait connaître au sieur Régnier la date à laquelle ses vivres seraient consommés, livrant ainsi des secrets d'Etat à un individu dont l'identité n'était établie que par une passe de M. de Bismarck.

Le maréchal Bazaine a renouvelé ses offres de capitulation le 29 septembre au général Stiehle.

Le maréchal Bazaine s'est isolé systématiquement du gouvernement de la Défense nationale :

1° En négligeant de profiter des nombreuses occasions qu'il avait de communiquer avec lui, soit au moyen d'émissaires, soit au moyen de ballons ;

2° En ne transmettant aucun renseignement précis sur la situation de l'armée dans les deux seules dépêches qu'il a adressées au ministre de la guerre, du 1er septembre au 2 octobre.

Le maréchal Bazaine est resté dans l'inaction pendant le temps que son armée était encore en état de combattre et n'a jamais fait aucun effort pour échapper à la nécessité de capituler, soit en livrant une série de combats pour faire lever le blocus.

Le maréchal Bazaine a trompé la confiance de ses commandants de corps et des commandants d'armes dans le conseil du 10 octobre :

1° En leur taisant ses pourparlers secrets avec le général en chef ennemi, l'incident Régnier, les motifs du départ du général Bourbaki, enfin les dépôts de vivres préparés à Longwy et à Thionville ;

2° En leur cachant que les négociations que le conseil était d'avis d'entamer avaient été tentées par lui et sans succès.

Le maréchal Bazaine a remis au général Boyer, lors de son départ pour Versailles, des instructions qui dépassaient les intentions manifestées par ce conseil.

Le maréchal Bazaine a ainsi entamé avec l'ennemi des négociations politiques entraînant inévitablement un démembrement du territoire, alors qu'il n'avait aucune qualité pour traiter, et qu'il savait que dans quelques jours allait se réunir une Assemblée nationale à qui seule appartenait le droit de décider de la paix et de ses conditions.

Le maréchal Bazaine a trompé la confiance de ses lieutenants, dans le conseil du 18 octobre, en ne leur communiquant pas les journaux rapportés par le général Boyer, ce qui, en les empêchant de contrôler les fausses nouvelles qu'il donnait, devait les amener à conclure que la France était dans un état complet d'anarchie, et qu'il n'y avait qu'un seul parti à prendre, celui auquel il s'était arrêté et où il voulait les amener : invoquer l'intervention de l'impératrice.

Le maréchal Bazaine a fait propager dans l'armée des nouvelles rapportées par le général Boyer, nouvelles qu'il savait au moins en partie fausses, et qui étaient de nature à abattre le moral de ses troupes.

Le maréchal Bazaine a cherché, par la manière dont il exerçait la censure sur la presse, et par les communiqués adressés aux journaux, à affaiblir l'esprit et à décourager les sentiments de résistance.

Le maréchal Bazaine a entretenu, pendant les mois de septembre et d'octobre avec le général en chef ennemi :

1º Des relations directes par parlementaires, dont l'objet a été tenu secret ;

2º Des correspondances multipliées dont il n'est pas resté trace ;

Le maréchal Bazaine, une fois décidé à capituler, n'a pas hésité à retarder l'envoi du général Jarras, quand l'intendant en chef lui a annoncé qu'il venait de retrouver trois ou quatre jours de vivres, alors qu'il savait que l'ennemi avait pris des mesures pour ravitailler immédiatement la place et nourrir les prisonniers.

Le maréchal Bazaine, une fois décidé à traiter de la

capitulation, n'a pas détruit l'immense matériel de guerre de l'armée et de la place, dont l'ennemi allait tirer parti dans la continuation de la guerre.

Le maréchal Bazaine a livré les drapeaux de son armée à l'ennemi après avoir usé de subterfuges, pour empêcher les troupes de les détruire.

Le maréchal Bazaine n'a pas accepté, pour un détachement de son armée, les honneurs militaires que l'ennemi consentait à lui accorder.

Le maréchal Bazaine a séparé le sort des officiers de celui des soldats dans la remise de l'armée à l'ennemi.

Le maréchal Bazaine a accepté la clause par laquelle les officiers qui prenaient l'engagement de ne rien faire contre les intérêts de l'Allemagne pendant la durée de la guerre, étaient autorisés à rester dans leurs foyers.

Le maréchal Bazaine a négligé de stipuler que des vivres seraient distribués au moment de la remise de l'armée.

Le maréchal Bazaine a négligé de donner des ordres pour que les vivres que renfermaient encore le 29 octobre, les magasins des forts et de la place, et qui ont été remis à l'ennemi fussent distribués à l'armée. Le maréchal Bazaine, au lieu de demeurer au milieu de ses troupes après la remise de l'armée pour intervenir en leur faveur en cas de besoin est parti le premier de Metz.

Le maréchal Bazaine a énoncé dans son ordre général n° 12 et dans l'ordre adressé au colonel de Girels une insertion fausse en ce qui concernait le retour du matériel de guerre en France, assertion qui eut pour conséquence de prolonger pendant plus de deux mois les humiliations de cette remise sans autre résultat que de mieux assurer la conservation en bon état de ce matériel et sa remise intégrale.

En conséquence des faits établis par l'instruction, notre avis est qu'il y a lieu de demander la mise en jugement du maréchal Bazaine :

Pour avoir signé une capitulation ayant eu pour résultat de faire poser les armes à son armée et de rendre à l'ennemi la place de Metz, sans qu'avant de traiter il eût fait tout ce que lui prescrivait le devoir et l'honneur.

Crimes prévus et punis par les articles 209 et 210 du code de justice militaire.

Fait à Versailles, le 6 Mars 1873.

Le général de brigade, rapporteur spécial,
près le 1ᵉʳ Conseil de guerre,

SERRÉ DE RIVIÈRE.

Condamnation du maréchal Bazaine

COMMUTATION DE PEINE.

Le maréchal Bazaine, le traître de Metz, a été condamné à mort avec dégradation militaire préalable, par le 1ᵉʳ Conseil de guerre siégeant à Trianon-sous-Bois à Versailles, le 10 décembre 1873, a vu sa peine commuée, par le président de la République française, *en vingt années de travaux forcés, avec dispense des formalités de la dégradation militaire,* mais sous réserve de tous ses effets, comme l'indique la note officielle du gouvernement en date du 12 décembre :

Note officielle

« *Sur la proposition de M. le ministre de la guerre,*
» *M. le président de la République a commué la* PEINE
» DE MORT *prononcée contre le maréchal Bazaine en*
» VINGT ANNÉES DE DÉTENTION, *à partir de ce jour, avec*
» DISPENSE DES FORMALITÉS DE LA DÉGRADATION MILI-
» TAIRE, *mais sous réserve de tous ses effets.* »

Lettre de Bazaine au Président

DE LA RÉPUBLIQUE.

Le même jour, le condamné du 10 décembre adressait la lettre suivante à M. le président de la République :

« *Trianon-sous-Bois, le 12 Décembre 1873.*

« *Monsieur le maréchal,*

» *Vous vous êtes rappelé le temps où nous servions la*
» *patrie l'un à côté de l'autre ; je crains que votre cœur*
» *n'ait dominé la raison d'Etat. Je serais mort sans re-*
» *gret, car la demande en grâce que vous ont adressée*
» *mes juges, venge mon honneur.* (109) *Agréez, mon-*
» *sieur le maréchal, l'assurance de mon respect.*

» BAZAINE. »

Les trois villes courageuses et patriotiques

LILLE, VALENCIENNES ET LANDRECIES.

Pour reposer le cœur et les regards attristés du lecteur, qui vient de parcourir les sombres et lugubres pages du siége de Metz, écrites avec des larmes et du sang, mentionnons, comme souvenirs glorieux et patriotiques, la belle défense des villes de Lille, de Valenciennes et de Landrecies (Nord) en 1793. Cette derniére s'est illustrée de nouveau, par la défense énergique qu'elle a opposée pendant quelques heures aux Prussiens en 1871. L'honneur en revient surtout au brave officier de marine, M. X...., chargé de la défense de cette petite place.

Le 8 octobre 1845, la courageuse ville de Lille, cette capitale du Nord, voyait s'élever sur sa place, dite de la Liberté, le monument qui consacre sa belle défense de 1793, monument que nous contemplons avec orgueil.

Voici dans toute sa briéveté laconique, le décret qui concerne la vieille ville flamande et ceux des deux autres villes

LES HABITANTS

DE LILLE

ONT BIEN MÉRITÉ

DE LA

PATRIE.

Décret de la Convention nationale, 12 Octobre 1792.

Voici également le décret qui concerne la ville de Valenciennes :

LES CANONNIERS

DE

VALENCIENNES

ONT BIEN MÉRITÉ DE

LA

PATRIE.

Décret de la Convention nationale, du 12 fructidor an II (1793) de la République.

Décret de la Convention nationale rendu le 27 ventôse an III, au sujet de la ville de Landrecies :

« La Convention nationale, après avoir entendu le rapport de ses Comités de salut public et des secours publics, décrète ce qui suit :

Article premier.

La Convention nationale approuve la conduite des habitants de Landrecies, et déclare, au nom de la nation française, qu'ils ont bien mérité de la Patrie, pendant le siège que cette place a soutenu, etc. (*)

. . . .

. . . .

Belfort va nous rassurer par sa belle défense.

(*) Voir l'appendice.

Défense de Belfort

PAR LE COLONEL DENFERT-ROCHEREAU.

On ne relira pas sans émotion la belle et consolante page que nous empruntons, en grande partie, à *l'Histoire de la Révolution de 1870-71 ;* elle reposera les regards et le cœur attristés du lecteur qui vient de voir se dérouler devant lui, le triste récit du drame de Metz :

« Belfort, dès le 10 novembre, était investie à quatre kilomètres autour de la citadelle : le 16, les ouvrages allemands étaient déjà à 1,300 mètres. Dans la nuit du 16 au 17, 3,000 de nos soldats faisaient une sortie et bouleversaient, il est vrai, tous les ouvrages. Mais, du 18 au 30, les Prussiens ouvraient deux parallèles. Le 2 décembre leurs batteries, établies sur la cote du Salbert, commençaient le bombardement, et, le 6, l'état-major prussien télégraphiait à Berlin : « *Belfort peut tenir cinq jours.* » Deux mois après, Belfort tenait encore.

Vers la fin de janvier, le 26, les Prussiens établis devant les Perches qu'ils voulaient prendre, et de là bombarder le château placé sur le roc, se risquèrent à enlever la position de vive force. L'assaut fut livré à huit reprises consécutives, les bataillons de la landwher désignés revinrent à la charge ; à huit reprises, l'attaque fut repoussée. Un seul bataillon défendait les Perches ; il eut une trentaine d'hommes mis hors de combat. Au lever du jour, l'ennemi, décimé, battit en retraite, abandonnant ses blessés sur le champ de bataille. Les Allemands ont dit que l'*assaut* fut renouvelé le 8 février,

Cela n'est pas exact. Ils n'occupèrent les Perches que parce que leur artillerie bouleversant nos canons, nos travaux, rendaient la position intenable.

» Belfort donc résistait glorieusement, défiant le bombardement et les assauts. Les Allemands laissaient autour de ses murailles des morts par monceaux. Le chiffre a été grossi comme toujours, et on a dit, par exemple que, dans une seule attaque, lors du dernier assaut, les Prussiens virent tomber 18,000 morts autour de la ville. Cela est faux. Mais la vérité est que les Allemands donnaient, avec terreur, un nom sinistre à ce coin de terre où bataillons et régiments allaient s'engouffrer, d'où ils revenaient écrasés et décimés. Ils l'appelaient *le Trou de la mort* ou *Todten fabrick*, fabrique morts.

» La population de Belfort tout entière, au surplus, était vraiment héroïque. Elle haïssait la Prusse. Elle espérait la victoire. Ces deux forces la soutenaient pendant les longs jours de siége, où nulle nouvelle que de faux bruits de victoires impossibles qui rendaient la victoire plus sinistres, n'entrait dans la ville. Le maire, M. Mény, se multipliait avec un courage digne de tout éloge. Le colonel Denfert, que des gens ont osé appeler *un colonel de casemates,* dirigeant, ordonnant toutes choses. Un matin de janvier, quelle fut la joie, quelle fut l'ivresse de la pauvre ville ! Denfert avait envoyé à toutes les batteries de la place un ordre ainsi conçu : *Tirez à blanc jusqu'à la nuit, en signe d'allégresse, cinq coups par pièce. L'armée française s'avance.* En effet, on entendait là-bas du côté d'Héricourt, le canon, les mitrailleuses, les feux des tirailleurs. Les Français ! C'étaient les Français ! Quelle fièvre ! Le bruit se rapproche. Les nôtres ne reculent donc pas ! On comptait les heures aux battements de son cœur. Le soir, la bataille cessait pour reprendre le lendemain, 16 janvier, plus furieuse. Ce jour-là — que d'émotion ! — on aperçoit du haut de la Miotte (*) les batteries françaises installées au mont Vaudois. L'action se rapproche. Le bruit court que les Prussiens enclouent déjà leurs canons. Un bataillon sort aussitôt de Belfort, se porte sur Essert et décime les artilleurs allemands. Cependant le soir vient, et Belfort n'est point délivrée. Le 17, après une nuit d'anxiété, le bruit semble s'éloigner. On n'entend plus le canon. Que se passe-t-il ? Ce ne sont plus que des escarmouches. La pluie tombe, froide, mêlée de neige fondue.

» Quelles angoisses ! Les Français seraient-ils repoussés ? Ils sont repoussés, hélas ! et la lugubre retraite de Bourbaki commence.

» Belfort était perdue. Le 26 janvier avait lieu l'assaut infructueux contre les Perches, dont nous avons parlé, puis l'ennemi commençait et poursuivait très-activement des travaux d'approche devant ces ouvrages, dont il n'était éloigné, le 5 février, que de quatre-vingts mètres environ.

» Enfin, le 8 février, les Perches étaient abandonnées, et bientôt le colonel Denfert recevait du gouvernement l'ordre de rendre Belfort. La reddition de Belfort permettait la prolongation de l'armistice, dont on avait besoin pour traiter de la paix. Le 13 février, le feu était suspendu de part et d'autre. A huit heures trente-cinq minutes du soir, le dernier coup de canon de cette guerre de 1870-71 était tiré dans une pièce de 24, du château, par le vieux maréchal-des-logis Hugghes. Le siége de Belfort était par là terminé au bout de *cent trois jours,* dont soixante-treize d'un bombardement sans trêve, qui

(*) Vieille tour chère aux habitants de Belfort.

avait jeté sur la place plus de *cinq cent mille* projectiles, alors que Strasbourg, fameux par ses malheurs, n'en avait pas, sur une superficie dix fois aussi grande, reçu plus de *cent cinquante à deux cent mille,* c'est-à-dire les deux cinquièmes. Denfert adressait aussitôt à la population cette proclamation dernière :

« Citoyens et Soldats,

» Le gouvernement de la Défense nationale m'a donné en vue des circonstances, l'ordre de rendre la place de Belfort. J'ai dû en conséquence traiter de cette reddition avec M. le général de Treskow, commandant [en chef de l'armée assiégeante.

» Si les malheurs du pays n'ont pas permis que la résistance vigoureuse offerte par la garnison, la garde nationale et la généralité de la population reçut la récompense qu'elle méritait, nous avons pu, du moins, avoir la satisfaction de conserver à la France notre garnison, qui va rallier, avec armes et bagages et libre de tout engagement, le poste français, le plus voisin.

» Connaissant l'esprit qui anime les habitants de la ville au milieu desquels je demeure depuis plusieurs années, je comprends mieux que personne l'amertume de la situation qui leur est faite. Cette situation est d'autant plus pénible qu'on prétend nous faire craindre qu'au mépris des principes et des idées modernes, le traité de paix que nous allons subir ne consacre une fois de plus le droit de la force et n'impose à l'Alsace toute entière la domination étrangère.

» Mais je reste convaincu que la population de Belfort conservera toujours les sentiments français et républicains qu'elle vient de manifester avec tant d'énergie. En consultant du reste, l'histoire même du siècle présent, elle y puisera la légitime confiance que la force ne saurait prévaloir contre le droit.

» Vive la France ! Vive la République !

» Le colonel-commandant,
» Denfert-Rochereau,

» Belfort, le 16 février 1871. »

Puis, le 18 février, à midi, il sortait, à la tête de la dernière colonne de la garnison de la ville qu'il avait si bien défendue. Comme le capitaine du navire en détresse, le capitaine quittait son bord le dernier.

Alors Belfort devenait comme un lieu de pélerinage. De Parrentruy, du vallon de Saint-Imier, des Franches-Montagnes, les gens venaient pour contempler les ruines de la malheureuse cité.

« Le cœur se serre, disait un témoin, à l'aspect de ces maisons sans toiture, dégarnies de fenêtres, lézardées, de ces murailles écroulées. Partout, dans la ville, on ne voit que boulets, éclats d'obus et même des projectiles qui n'ont pas fait explosion. »

Mais Belfort devait avoir, dans cet écroulement sinistre de tous les espoirs de la patrie, cette consolation, cette joie : la cité restait à la France. (*)

(*) Grâce aux efforts patriotiques de M. Thiers.

VII.

Ce que la Patrie doit faire

POUR AVOIR LA PAIX.

Quand une nation veut sérieusement la paix, que doit-elle faire ?

Elle doit — et les faits historiques sont là pour le prouver au besoin, — se préparer à la guerre, comme le dit le vieil adage des nations :

« *Si vis pacem, para bellum...*

« *Si tu veux la paix, prépare-toi à la guerre.* »

C'est pour l'avoir oublié que la France, de par la volonté absolue de son empereur et de son entourage, *(seul il pouvait déclarer la guerre ou faire la paix)*, a déclaré follement la guerre, sans être prête, à la Prusse, — elle, elle l'était et ne demandait pas mieux que d'entrer en lice — a vu envahir son sol et emmener honteusement l'armée impériale prisonnière en Allemagne, à la suite de la plus indigne des trahisons que les annales des nations aient jamais enregistrée. C'est donc pour n'avoir pas compris ou voulu comprendre, que la plus grande sécurité d'une nation repose en elle-même, et

sur la mise sérieuse en pratique de cette antique maxime précitée, que la malheureuse France a dû ses tristes
revers. Cette maxime devrait être gravée en caractéres les
plus apparents dans le cabinet de tous les gouvernants :
Président, maréchaux, amiraux, généraux, et même
dans chaque maison commune, afin que cette vérité si
importante et si vraie, se gravât profondément, — elle
l'est, et l'a toujours été dans celui des braves — dans la
mémoire et le cœur des dirigeants, pour en faire une
sage et utile application. C'est pour l'avoir comprise et
mise en pratique, cette sage maxime, que la Prusse
était prête lors de la fatale guerre de 1870-1871 ; c'est
pour l'avoir oubliée que les divers Etats de la confédé-
ration germanique ont été battus, assimilés et soumis
par la Prusse en 1866, et cela en quelques jours seulement. L'oubli du *Si vis pacem, para bellum,* sera peut-
être encore, malheureusement, la cause de la ruine de
bien des nations !...

Profitons donc de nos tristes revers ; réorganisons les
forces de notre pays — c'est ce que fait le gouvernement
actuel, aidé de Monsieur le Ministre de la guerre, — avec
calme et célérité. Soyons constamment les amis de la
paix, de cette paix durable que procure seul l'application du *Si vis pacem, para bellum......* Alors, seulement, nous aurons la sécurité du sage propriétaire, dont
la demeure écartée des autres habitations, place des
barres de fer à ses fenêtres ; des portes solides et ver-
rouillées aux issues de son logis ; lequel, pour plus de
garantie contre les *voleurs* et les *assassins,* entoure sa
maison de bonnes murailles ; place dans sa cour un
chien qui, fidéle sentinelle, poussera, le cas échéant, son
aboiement d'alarme qui réveillera le maître et lui fera
prendre les armes placées sous sa main en prévision

d'attaque. Oh ! alors, dans de telles conditions de défense, il est bien rare qu'on tente de vouloir pénétrer dans une semblable demeure, il y a trop de danger pour l'agresseur.

Soyons calmes ; ne fournissons aucune occasion à nos ennemis de servir de prétexte pour nous chercher querelle ; mais si, malgré notre placidité on nous attaque injustement et déloyalement, soyons énergiques et pleins de confiance dans la justice de notre cause, comme il sied à des hommes décidés à vaincre ou mourir en défendant la patrie, l'honneur et la liberté.

Si nous nous préparons bien à la guerre comme le veut le bon sens et la logique du *Si vis pacem, para bellum,* nous pourrons enfin courir avec confiance sus à l'ennemi qui oserait attaquer les frontières de la France, notre patrie bien-aimée, et remporter la *victoire due à ceux qui travaillent, prévoient et veillent continuellement le mieux.* (111)

L'ennemi nous regarde

Une lettre adressée à la *Revue de France,* contient des notes curieuses sur l'arsenal de Berlin, cet immense musée historique de la Prusse, car si Paris est fier du Musée de Versailles, Berlin, lui, est fier de son arsenal. *La force prime l'art comme le droit.*

La France a civilisé le monde par l'idée ; la Prusse a civilisé l'Allemagne par le canon. Toute la différence est là.

Mais revenons à l'arsenal de Berlin. Les derniers Germains qui y viennent étudier les dernières pages de leur histoire, sont conduits par un gardien spécial chargé de l'explication. Ecoutons la leçons qui leur est faite — terrible leçon pour nous et dont nous devons nous souvenir toujours.

« Les Français, s'écrie le *guide historique,* avec emphase, ont de tout temps été les ennemis de notre patrie. (112) Dans les deux derniers siècles, ils nous ont déclaré trente fois la guerre ; mais Dieu qui est avec nous les a punis de leur orgueil. En 1870-1871, nos armées victorieuses sont entrées pour la seconde fois dans la Babylone moderne (Paris) nos chevaux ont traversé la Seine et nous avons bu le vin français à la santé de l'Allemagne. La nation maudite est tombée comme écrasée sous le feu du ciel.

» A Wœrth, première défaite : nous avons pris deux aigles que vous avez devant vous, six mitrailleuses, trente canons, et fait quatre mille prisonniers. Letzelstein, Lichtenberg dans les Vosges, Marsal capitulant dans cette première quinzaine du mois d'août. Après la victoire du 16 devant Metz, Phalsbourg capitule à son tour, puis Vitry qui laisse en notre pouvoir 16 canons, 17 officiers et 850 soldats.

» La capitulation de Sedan nous a donné les aigles qui décorent cette colonne. Nous avons trouvé dans cette ville 400 canons de campagne, 70 mitrailleuses et 150 canons de siège. La clef suspendue dans cette boîte de verre est la clef de Sedan. Voici les trois mille fusils, les huit mille sabres et les cinq cents cuirasses qui proviennent de la forteresse de Toul. Le drapeau que vous apercevez là est celui de la garde mobile.

» Quatre jours plus tard, Strasbourg se rendait : 1070 canons, 451 officiers, 17,000 hommes, et toutes ces armes et ces aigles ! Soissons, Schlestadt noús ouvrent aussi leurs portes et livrent à l'armée allemande des centaines de canons et des milliers de fusils.

» Enfin Bazaine capitule. Nous sommes ici dans le compartiment de Metz : 170,000 prisonniers, 3 maréchaux, 600 officiers, 35 aigles et drapeaux, 541 piéces de campagne, 600 canons de siége, 46 mitrailleuses, plus de 300,000 fusils. Ce lustre suspendu au-dessus de vous, formé de sabres et de pistolets, décorait la salle des officiers de Metz.

» Les 23,000 chassepots qui sont rangés là proviennent de la forteresse de Verdun. Ces armes ci ont été recueillies sur le plateau d'Avron, abandonné par l'ennemi. Voici deux aigles conquises dans le combat de Villersexel. Ces deux autres drapeaux ont été enlevés à l'armée de Bourbaki, entre Pontarlier et la forteresse suisse.

» Les Français nous ont abandonné dans cette guerre 600,000 bouches à feu. Ils chercheront un jour à les reprendre, c'est pourquoi il faut que nous nous tenions prêts. Travaillez, ne vous endormez pas ; que chacun de vous soit une sentinelle digne de celle qui veillait sur le Rhin ! » (112)

Cette derniére phrase nous concerne aussi, nous Français, d'une façon toute particulière.

La leçon qui est faite aux jeunes Allemands, dans l'arsenal de Berlin, ne doit pas être perdue, elle doit aussi profiter aux jeunes Français.

Nous aussi, nous devons travailler, pour être prêts au jour terrible des batailles, qui ne doivent être livrées que pour la défense de la patrie. Mais pour nous y préparer, il faut qu'avant tout nous fassions trève à nos divisions ; il faut que les partis sacrifient leur haine à la prospérité et au relévement de la France, et qu'ils n'obéissent tous qu'à un même sentiment de patriotisme, *l'intérêt réel du pays*. (113)

Regardons l'ennemi

Jules-César, dans ses *Commentaires sur la guerre des Gaules*, nous a laissé dans son ouvrage, remarquable à plus d'un titre, des passages qui peuvent ouvrir nos yeux et notre intelligence, pour regarder et comprendre notre position — comme nation et comme territoire — jalousée et enviée par nos perfides voisins d'Outre-Rhin.

Si nous ouvrons ce livre qui a plus de dix-huit siécles d'existence, nous serons frappés des passages d'actualité qui se dérouleront peu à peu, en parcourant les pages tracées par le général en chef de l'armée de la république romaine.

Voici donc ce que César disait, aprés la conquête des Gaules, et ce qu'il redit encore aux arriére-petits-fils de l'antique race gauloise, source et origine de notre nationalité :

Analyse explicative.

Germains et Gaulois se faisaient la guerre.

. . . .

« ... *proximique sunt Germanis, qui trans Rhenum incolunt, quibuscum continenter bellum gerunt* . . . . . .

« ... d'ailleurs voisins des peuples de la Germanie (*) qui habitent au-delà du Rhin, ils (LES GAULOIS) sont continuellement en guerre avec eux. »

LIVRE I § I.

Les Germains pour conquérir un sol fertile, et les Gaulois pour les repousser.

. . . .

« ... *Id ea maxime ratione fecit, quod noluit, eum locum, unde Helvetii discesserant, vacare; ne propter bonitatem agrorum Germani, qui trans Rhenum incolunt...*

« César ne voulait point que ce pays (CELUI DES SÉQUANAIS OU HABITANTS DE LA FRANCHE-COMTÉ) restât désert, de peur que la fertilité du sol n'y attirât les Germains d'Outre-Rhin. »

LIVRE I § XXVIII.

Les Germains prennent 1 tiers du territoire des Séquanais et leur ordonnent d'en céder un autre tiers aux Harudes. Le sol et la manière de vivre des Gaulois tentent et tenteront toujours les barbares du Nord.

. . . .

« ... *Propterea quod Ariovistus, rex Germanorum, in eorum finibus consedisset, tertiamque partem agri Sequani, qui esset optimus totius Galliæ, occupavisset, et nunc de altera parte tertia Sequanos decedere juberet, proptera quod paucis, mensibus ante Harudum millia hominum XXIV ad eum venissent,*

(*) Hommes de guerre.

quibus locus ac sedes pararen-
tur. Futurum esse paucis annis
uti omnes ex Galliœ finibus pel-
lerentur, atque omnes Germani
Rhenum transirent : neque enim
conferendum esse Gallicum cum
Germanorum agro, neque hanc
consuetudinem victus cum illa
comparandam...

« Arioviste, roi des Germains
s'est établi sur leurs frontiéres,
a pris le tiers de leur territoire
— (CELUI DES SÉQUANAIS) qui est
le meilleur de toute la Gaule, et
maintenant il leur ordonne de
céder un autre tiers à XXIV M
(**) Harudes, qui depuis peu de
mois, sont venus le joindre et
demandent à s'établir. Dans peu
d'années, tous les Germains auront passé le Rhin et chassé les
Gaulois : car le sol de la Germanie ne peut se comparer à celui
de la Gaule, non plus que la maniére de vivre des deux pays. »

LIVRE I § XXXI.

Les Germains sont une
menace permanente contre
la Gaule et contre l'Italie
même. Ils sont grossiers
et barbares.

. . . .
« ... *Quod in tanto imperio*
populi Romani turpissimum sibi
et reipublicœ esse arbitrabatur.

(**) Vingt-quatre mille.

Paulatim autem Germanos consuescere Rhenum transire, et in Galliam magnam corum multitudinem venire, popalo Romano periculosum videbat : neque sibi homines feros ac barbaros...

« César voyait combien il était dangereux pour Rome d'habituer ainsi les Germains à passer le Rhin et à venir en grand nombre dans la Gaule : sans doute ces peuples grossiers et barbares, une fois maîtres de la Gaule ne manqueraient pas à l'exemple des Cimbres et des Teutons, de se jeter sur la *Province romaine* (PROVENCE), et de là sur l'*Italie*, d'autant plus que le Rhin seul séparait les Séquanais de notre province. »

LIVRE I § XXXIII.

. . . .

La maxime favorite des Germains est : « *La force prime le droit.* » Elle n'est pas nouvelle.

« *Ad hæc Ariovistus respondit : « Jus esse belli ut qui vicissent, iis, quos vicissent, quemadmodum vellent, imperarent : item popùlum Romanum victis non ad alterius præscriptum, sed ad suum arbitrium imperare consuesse :*

« Arioviste répondit — à César — que « LE DROIT DE LA

Guerre permettait au vainqueur de disposer a son gré des vaincus ; » — c'est ce que l'Allemagne a fait à l'égard de l'Alsace et de la Lorraine, d'après l'antique maxime germaine : « La force prime le droit » — que le peuple romain n'a pas l'habitude de consulter autrui sur la manière de traiter les peuples conquis. »

Livre I § XXXVI.

Orgueil et jactance des Germains.

. . . .

« ... *Ipse autem Ariovistus tantos sibi spiritus, tantam arrogantiam sumpserat, ut ferendus non videretur...*

« De plus, l'orgueil et l'insolence d'Arioviste, s'étaient exaltés à un point vraiment intolérable. »

Livre I § XXXIII.

Les Germains ne connaissent que la dévastation et le pillage : ils prennent des otages.

. . . .

« ... *Ædui questum, quod Harudes, qui nuper in Galliam transportati essent, fines eorum popularentur ; sese ne obsidibus quidem datis pacem Ariovisti redimere potuisse.* »

« Les Eduens se plaignaient que les Harudes — Germains —

récemment arrivés dans la Gaule dévastaient leur pays ; ils n'avaient pu acheter la paix d'Arioviste, même en donnant des ôtages. »

LIVRE I § XXXVII.

Les Germains sont plus souvent vainqueurs par adresse et par habileté que par leur courage.

. . . .

« ... *Ariovistum, quum multos menses castris se ac paludibus tenuisset, neque sui potestatem fecisset, desperantes jam de pugna et dispersos subito adortum, magis ratione et concilio, quam virtute, vicisse.* »

« Arioviste, après s'être renfermé plusieurs mois dans son camp et ses marais sans s'exposer à une bataille, les avait attaqués — les Gaulois — tout-à-coup, déjà dispersés et désespérant de combattre, et les avait vaincus par adresse et par habileté plutôt que par le courage. »

LIVRE I § XL.

Les Germains ne sont point les agresseurs, mais on les attaque : c'est ce qu'ils demandent.

. . . .

« ... *non sese Gallis, sed Gallos sibi bellum, intulisse ; omnes Galliæ civitates ad se appugnandum venisse, ac contra se castra habuisse.* »

« Ce n'est point lui — Arioviste — qui a commencé la guerre : les Gaulois sont les agresseurs ; toutes les peuplades de la Gaule (FRANCE AUJOURD'HUI) sont venues fondre sur lui ; il les a, dans un seul combat, vaincu et dispersé toutes leurs forces. »

LIVRE I § XLIV.

Les Germains (allemands) manquent à la foi jurée et sont cruels.

. . . .

« ... *Colloquendi Cæsari causa visa non est, et eo magis, quod pridie ejus diei Germani retineri non poterant, quin in nostros tela conjicerent.* »

« César ne jugea pas à propos d'accorder cette entrevue entre Arioviste et son lieutenant — d'autant plus que la veille, on n'avait pu empêcher les Germains de lancer des traits sur nos troupes ; il — César — sentait aussi le danger d'envoyer un de ses lieutenants, et de l'exposer à leur cruauté. »

LIVRE I § XLVII.

Les Germains cherchent à effrayer leurs ennemis.

. . . .

« ... *Eo circiter hominum numero XVI M millia expedita cum omni equitatu Ariovistus misit, quæ copiæ nostros perterrerent et munitione prohiberent.* »

« Arioviste détacha seize mille hommes de troupes légères et toute sa cavalerie, pour effrayer nos soldats et interrompre les travaux. »

LIVRE I § XLIX.

Les Belges, ou plutôt les Flamands sont d'origine germaine. — Les Gaulois furent chassés du Nord de la Gaule et remplacés par des Germains.

. . . .

« ... *Plerosque Belgas esse ortos a Germanis , Rhenumque antiquitus traductos , propter loci fertilitatem ibi concedisse, Gallosque, qui ea loca incolerent expulisse ; solosque esse qui patrum nostrorum memoria, omni Gallia vexata, Teutones Cimbrosque intra fines suos ingredi prohibuerint.* »

« Il apprit — César — que la plupart des Belges étaient d'origine germaine ; que leurs ancêtres, après avoir passé le Rhin, s'étaient fixés dans ces lieux à cause de la fertilité du sol, et en avaient chassé les Gaulois. »

LIVRE II § IV.

Chevaux de la cavalerie Germaine exercés pour la guerre.

. . . .

« ... *Quin etiam jumentis, quibus maxime Gallia delectatur, quœque impenso parant pretio, Germani importatis non utuntur : sed quœ sunt apud eos*

*nata, prava atque deformia,
hæc quotidiana exercitatione,
summi ut sint laboris, effi-
ciunt. »*

« Ils ne sont point — les Germains — même curieux de ces
chevaux étrangers qui plaisent
tant dans toute la Gaule, et qu'on
y paie si cher ; mais à force
d'exercer ceux de leur pays,
dont la race est mauvaise et dif-
forme, ils les rendent infatiga-
bles. »

LIVRE IV § II.

Jactance et emphase des Germains.

. . . .

« *... Reliquum quidem in ter-
ris esse meminem, quem non
superare possint.* »

« Il n'est — disent les Germains — aucun autre peuple sur
la terre dont ils ne puissent tri-
ompher. »

LIVRE IV § VII.

Caractère servile et rampant des Germains.

. . . .

« *... Quum id non impetras-
sent, petobant uti ad eos equites,
qui agmen antecessissent, præ-
mitteret, eosque pugna prohibe-
ret ; sibique uti potestatem fa-
ceret in Ubios legatos mittendi ;
quorum si principes ac senatus*

sibi jurejurando fidem fecissent ea conditione, quœ a Cœsare ferretur, se usuros ostendebant : ad has res conficiendas sibi tridui spatium daret. »

« N'ayant pu fléchir César, ils le prièrent au moins de faire donner à la cavalerie, qui formait l'avant-garde, l'ordre de ne pas commencer le combat et de leur laisser le temps d'envoyer des députés aux Ubiens — habitants du territoire de Cologne — protestant que, si le Sénat et les principaux de cette nation s'engagent par serment à les recevoir, ils accepteraient les conditions qu'il — que César — imposerait lui-même ; ils ne demandaient pour cela que trois jours. »

Livre IV § XI.

Perfidie et cruauté des Germains. — Le cas que les parlementaires Germains faisaient de la parole donnée. — Cruauté des Germains pendant le combat. Frayeur qu'ils inspirent par leurs actes.

« ... At hostes, ubi primum nostros equites conspexerunt, quorum erat quinque millium numerus, quum ipsi non amplius DCCC equites haberent, quod ii qui frumentandi causa ierant trans Mosam, nondum redierant, nihil timentibus nostris, quod legati eoqum paulo ante a

Cesare discesserant , atque is dies induciis erat ab iis petitus, impetu facto, celeriter nostros perturbaverunt. »

« Cependant, dès que les ennemis aperçurent notre cavalerie, ils tombèrent sur elle et la mirent en désordre, elle se composait de cinq mille hommes, et ils n'en avaient eux-mêmes que huits cents ; car le reste, envoyé pour ramasser des vivres au delà de la Meuse, n'était pas encore de retour. Mais les nôtres étaient sans défiance, sachant que les députés Germains venaient à peine de quitter César et de demander une trève pour cette journée. Notre cavalerie se rallia ; les ennemis mirent pied à terre, selon leur coutume, tuérent un grand nombre de nos chevaux, renversèrent les cavaliers, défirent le reste , et les frappèrent tous d'une telle frayeur, qu'ils ne s'arrêtèrent qu'à la vue de notre armée. »

LIVRE IV § XII.

Le cas qu'on doit faire des propositions d'un ennemi perfide comme le Germain.

« ... *Hoc facto prœlio, Cæsar neque jam sibi legatos audiendos neque conditiones accipiendas*

arbitrabatur ab his, qui per do-
lum atque insidias , petita
pace. »

« Aprés cette action, César
jugea qu'il ne devait plus entendre leurs députés, ni recevoir
les propositions d'un ennemi
perfide qui nous attaquait à l'im-
proviste, tout en demandant la
paix. »

LIVRE IV § XIII.

Les Germains veulent
faire croire que leurs mé-
aits sont dus au hasard
des circonstances. La ruse
est poussée chez eux jus-
qu'aux dernières limites.

. . . .

« ... *His constitutis rebus, et*
concilio cum legatis et quœstore
communicato, ne quem diem pu-
gnœ prœtermitteret, opportunis-
sima res assidit, quod, postridie
ejus diei mane, eadem et perfidia
et simulatione usi Germini, fre-
quentes, omnibus principibus
majoribusque natu adhibitis, ad
eum in castra venerunt; simul,
ut dicebatur, sui purgandi cau-
sa, quod contra atque esset dis-
tum, et ipsi petissent, prœlium
pridie commissent; simul ut, si
quid possent, de induciis fallan-
do impetrarent. »

« Ainsi, aprés avoir communiqué son dessein à ses lieutenants et à son questeur il réso-
lut de ne plus différer la bataille.

Il arriva fort à propos que le lendemain matin les Germains, conduits par le même esprit de dissimulation et de perfidie, se réunirent en grand nombre avec tous leurs chefs et leurs vieillards, et vinrent au camp de César pour s'excuser, disaient-ils, de l'attaque faite la veille malgré les conventions et leur propre demande. Ils essayaient encore d'obtenir, par une ruse, le prolongement de la trève. »

LIVRE IV § XIII.

Les Germains passent souvent le Rhin ; ils le passent plus souvent que les Gaulois ou leurs descendants.

. . . .

« ... *magnam manum Germanorum conductam Rhenum trancisse.* »

« De nombreuses troupes de Germains passent le Rhin. »

LIVRE V § XXVII.

Les retranchements étaient défavorables aux Germains du temps de César. Aujourd'hui ils en usent, dit-on.

. . . .

« ... *Existimabant :* « *quantasvis magnas etiam copias Germanorum sustineri posse munitis hibernis.* »

. . . .

« Les retranchements, disaient-ils , — les Romains — suffisent pour nous défendre contre les Germains, si nombreux qu'ils soient : le combat de la veille le prouve assez , puisque l'ennemi a été repoussé avec perte. »

Livre V § XXVIII.

Les Germains sont irrités de leurs anciennes défaites. Espérons que leurs victoires obtenues par la ruse, la trahison et la perfidie ne seront qu'éphémères.

. . . .

« ... *Magno esse Germanis dolori Ariovisti mortem et superiores nostras victorias : ardere Galliam, tot contumeliis acceptis sub populi... Romani imperium redactam, superiore gloria rei militaris exstincta.* »

« Les Germains sont irrités de la mort d'Arioviste et de *nos précédentes victoires;* la Gaule est en feu ; elle supporte impatiemment *ses injures, le joug romain,* la perte de sa gloire.. »

Livre V § XXIX.

Ces citations, que nous venons de recueillir dans les écrits du plus illustre des conquérants de notre sol, sont destinées, d'une maniére toute particuliére, aux jeunes défenseurs de la France.

Nous faisons, cher et bienveillant lecteur, les vœux les plus ardents pour que l'étude des *Commentaires de César* et celle d'autres ouvrages analogues, donnent à nos soldats citoyens les connaissances nécessaires pour combattre, en temps de guerre, sous toutes les formes qu'avoue l'honneur, l'ennemi commun de notre territoire et de notre indépendance nationale, le Germain, l'Allemand.

Voici ce qu'écrivait M. Edgar Quinet, à son retour d'Allemagne, en 1831, avec un accent vraiment prophétique, en rappelant le traité de Westphalie :

« Depuis la fin du moyen-âge, la force et l'initiative des Etats germaniques passe du Midi au Nord avec tout le mouvement de la civilisation. C'est donc de la Russie que le Nord est occupé à cette heure à faire son instrument ? Oui, et si on le laissait faire, il la pousserait lentement, et par derrière, au meurtre du vieux royaume de France. Sachons que la plaie du traité de Westphalie et la cession des provinces d'Alsace et de Lorraine saignent encore au cœur de l'Allemagne, autant que les traités de 1815 au cœur de la France. Chez un peuple qui rumine si longtemps ses souvenirs, on trouve cette blessure au fond de tous ses projets et de toutes les rancunes. *Arracher ce territoire à la France,* voilà le lieu — commun de l'ambition ès-nationale. »

Le fait prédit est malheureusement accompli, hélas !... Ne l'oublions pas, ni les martyrs de la France de 1870-1871.

VIII.

Ce que tout citoyen français doit faire

LORSQUE LA PATRIE EST EN DANGER.

Ce fut le lundi 27 juillet 1874 que s'est ouvert à Bruxelles le *Congrès international,* provoqué par le prince Gortschakoff, (115) premier ministre de la cour de Saint-Pétersbourg, à l'instigation probable de la trinité, qui a intérêt à la chose. (*)

« Si le programme de ce congrès donne des garanties aux blessés et aux prisonniers de guerre, il supprime les citoyens d'un pays envahi et les met à la discrétion, que dis-je ? à la dévotion du vainqueur. » (116)

La *Société française des amis de la paix,* dont le siége est 71, rue des Saint-Pères, à Paris, poursuit « *la condamnation du prétendu droit de conquête, la substitution de l'arbitrage à la force et l'extension des idées de justice et de liberté aux relations internationales.*

Voici comment cette utile et célèbre Société répond à la proposition anti-patriotique du Congrès, en poussant son

Cri d'humanité

OU CONCLUSION DE LA PROTESTATION DE LA SOCIÉTÉ FRANÇAISE DES AMIS DE LA PAIX.

(*) Le lecteur connaît ces trois noms écrits en caractères sanglants.

... Si pourtant les divers gouvernements représentés au Congrès de Bruxelles, reculant devant une tâche vraiment sainte qu'il ne tiendrait qu'à eux d'accomplir, entendaient se borner à réglementer l'état de guerre, nous espérons du moins, pour leur honneur, qu'ils ne garderont du projet que les articles relatifs aux prisonniers et aux blessés, et qu'ils en rejetteront tous ceux qui tendent à pervertir l'idée de justice, *en établissant des protections pour le plus fort ; des précautions contre le plus faible ;* en élevant à la hauteur d'un droit la violence du vainqueur, à celle d'un devoir, la nécessité imposée au vaincu.

A notre sens, au sens éternel des hommes dignes d'avoir une patrie, l'envahisseur viole des droits sacrés, loin qu'il en puisse exercer sur le sol étranger qu'il occupe en maître, tandis que l'envahi n'a plus qu'un devoir impérieux à remplir envers son pays et envers lui-même, celui de repousser l'envahisseur.

Y aurait-il donc aujourd'hui en Europe un gouvernement avide de conquêtes, et qui, les voulant plus faciles à l'avenir que par le passé, rêverait de changer à son bénéfice les plus impérieuses prescriptions de la conscience humaine ?

Dans ce cas, messieurs, la convention proposée à vos suffrages lui permettrait de neutraliser tout patriotisme, de telle sorte que les nations plus pacifiques par sagesse ou par intérêt, mais aussi les plus jalouses de leur indépendance, en seraient réduites à se livrer à lui tout organisées avant même d'avoir été vaincues.

Eh bien ! Cela ne saurait être ! Aucun des gouvernements représentés au Congrès de Bruxelles n'osera consacrer cette doctrine impie que *c'est une obligation stricte pour les citoyens non enrégimentés d'un pays envahi, de ne point entraver l'action de l'envahisseur, de passer même immédiatement à son service, de l'aider de leur travail à la conquête définitive, en un mot de devenir les auxiliaires du destructeur de la patrie.*

Pour la Société des Amis de la paix,

Le Conseil d'Administration,

A. Franck, membre de l'Institut, professeur de droit international au Collége de France, vice-président de la Société des Amis de la paix ; — Ch. Renouard, procureur près la Cour de cassation ; — Ch. Fauvety ; — Gagneur, député ; — Licatenberger, pasteur ; — Ch. Mazeau, député ; — Ducuing, député ; — Edmond Thiaudière ; — Fargasse, conseiller général de Seine-et-Oise ; — de Gasté, conseiller général de la Manche ; — Pradier-Fodéré, professeur de droit public, etc.

Nota. — On comprendra plus facilement notre protestation quand on aura lu les articles 3 et 4 du projet soumis au Congrés de Bruxelles.

Aux termes de ces deux articles « *les fonctionnaires de l'administration de la police et de la justice sont obligés de continuer l'exercice de leurs fonctions sous la surveillance et le contrôle du chef de l'armée d'occupation.* »

Le cœur de tout honnête homme se souléve d'indigna-

tion et d'horreur, à l'idée que les citoyens d'un pays envahi, seront, non pas forcés, *mais obligés par le droit,*
par le droit international, de faire la police pour le comptè
de l'ennemi, de l'oppresseur de leur patrie ; de verser
dans ses mains pour servir à la ruine et à la servitude
de leur nation, le fruit du labeur et les économies de
leurs compatriotes, enfin, de souiller le sanctuaire et de
déshonorer jusqu'au nom de la justice, en rendant comme magistrats des arrêts sous le commandement et les
menaces d'une armée étrangère. (117)

Quoique disent et quoique fassent nos ennemis et ceux
de l'humanité, pour obliger les citoyens d'un pays envahi
à se livrer bénévolement à l'envahisseur, nous adoptons
pour arme du droit international, l'esprit de l'ordonnance
du roi de Prusse, en 1813, laquelle a été communiquée
aux membres du Congrès de Bruxelles, cela donnera
une idée des moyens auxquels la Prusse a eu recours
à cette époque pour combattre les Français, voici ce

Résumé :

« L'insurrection allemande gagne de village en village.
Partout elle est d'avance organisée. Chaque citoyen est
obligé de s'opposer avec toute arme quelconque à l'invasion de l'ennemi. Toutes les localités sont déclarées
de bonne défense. La levée en masse doit se rassembler
dès que l'ennemi paraît ; elle se compose de tout ce qui
n'entre pas dans l'armée de ligne ou dans la landwher.
Elle doit seconder le corps d'armée s'il résiste ; et, s'il se
retire, elle doit agir sur les derrières de l'ennemi. La levée en masse doit combattre à outrance — nous n'y

ajoutons rien. — Tous les moyens lui sont bons contre les Français. Elle doit harceler l'ennemi, lui couper les vivres ; *elle ne doit pas craindre d'anéantir les soldats marchant isolément.*

La levée en masse n'a pas d'uniforme, parce qu'un uniforme la ferait reconnaître. Elle a des officiers qu'elle se choisit elle-même ; elle s'arme indifféremment de fusils, de faulx, de sabres et de fourches. A l'approche des Français, les habitants doivent évacuer les villages et se réfugier dans les bois, emporter les farines, faire couler les tonneaux, brûler les moulins et les bateaux, combler les sources, couper les ponts. Il en coûte moins, dit l'ordonnance, de rebâtir un village que de nourrir l'ennemi.

Dans les villes qui sont occupées par l'armée française les bals, les fêtes sont interdits ; les mariages mêmes sont défendus ; il est surtout ordonné de ne point faire partie de la garde nationale.

Les désordres de la populace, dit encore l'ordonnance, sont moins nuisibles que la police qui rendrait à l'ennemi des forces disponibles.

Il n'était pas question à Berlin, en 1813, *d'empêcher les citoyens non enrégimentés de défendre leur pays.* (118)

La Prusse craint le patriotisme ; c'est pourquoi elle désire qu'on fasse des lois pour l'annihiler le plus possible. Elle aura beau faire ; elle n'y parviendra jamais.

La France gardera intact — espérons-le — son vieux patriotisme, et le souvenir du sang de ses enfants, répandu pour satisfaire l'ambition et la cupidité de deux têtes couronnées et défendre le sol envahi de notre chère France.

La victoire des Fleurs françaises

SUR LES FLEURS ALLEMANDES.

Lorsque les Allemands envahirent notre sol, leurs armées apportèrent avec elles des quantités considérables de fourrages renfermant des myriades de graines. Les plantes herbacées les plus communes dans les prés d'Outre-Rhin étaient toutes représentées dans les fourgons de l'invasion.

Ces germes se répandirent à profusion sur toutes les routes et furent disséminés par les vents. D'autres restèrent enfouies dans la terre des campements, des parcs, des bivouacs allemands. Certaines furent balayées avec la paille des étables et des écuries réquisitionnées par l'ennemi.

Nos botanistes ne furent donc pas étonnés de constater qu'un nombre considérable de ces graines avaient prospéré. Une colonie de plantes allemandes, écloses au printemps de 1871, marquait à chaque pas dans nos pâturages, le souvenir de l'année terrible. Dans les deux départements de Loir-et-Cher et du Loiret, un seul botaniste reconnut 163 espèces nouvelles qui avaient émigré d'Allemagne. On constata le même phénomène près de Paris, sur le plateau de Bellevue, où les soldats ennemis avaient fait une halte prolongée dans toute la durée du siège.

Ces étrangères s'étalaient superbes. En véritables conquérantes, elles enfonçaient profondément leurs racines dans nos terroirs les plus fertiles. Bref, elles paraissaient sûres de l'avenir.

On pouvait dès lors se demander si notre flore printanière n'allait point se trouver modifiée comme celle des îles de la mer du sud après l'arrivée des colons européens.

Est-ce que certaines espèces nationales n'allaient point être refoulées, étouffées par les nouvelles races comme ces plantes de la Nouvelle-Zélande ou de Taïti, qui fuient devant les espèces importées d'Europe? Ne devaient-elles point se voir traitées comme les végétaux dont la disparition rapide indique au sauvage qui l'attend et lui montre que ses dieux eux-mêmes ne peuvent lutter contre les nouveaux venus?

Grâce à la sève généreuse qui circule encore dans la tige de nos plantes, nous n'avons point à constater un pareil désastre. Les herbes qui rampent à la surface de nos prés, les racines qui courent sous notre sol, ont étouffé la majeure partie des espèces étrangères. Au printemps dernier (1873), cinq ou six de ces variétés avaient à peine la force de lutter encore contre nos plus frêles graminées. La main du laboureur n'a pas eu besoin d'intervenir.

L'herbe française, épaisse, vivace, travaille sans relâche à effacer les traces de l'invasion.

C'est ainsi. Toutes les grandes leçons nous sont données par la nature. Les humbles plantes de notre pays nous offrent l'exemple de l'union patriotique.

Ce n'est pas le souvenir de l'invasion qu'il nous faut étouffer. Non, c'est avec la semence de discorde qu'il faut en finir.

Pour guérir nos blessures, pour rétablir nos finances, pour réorganiser notre armée, pour réformer et développer l'instruction, pour élever l'esprit public au niveau des grandes œuvres que nous devons accomplir, faisons d'abord le sacrifice de nos mesquines passions.

Union ! tout est là.

WILFRID DE FONVIELLE. (119)

IX.

Quand on connaît et qu'on aime la Patrie

ON L'EXALTE PAR SES CHANTS.

———

De tous nos chants nationaux, aucun n'exalte le patriotisme français comme la *Marseillaise.* Avant tout, disons quelques mots sur son auteur et ses œuvres.

Rouget de Lisle

HISTORIQUE.

Rouget de Lisle naquit à Lons-le-Saulnier (Jura) en 1760. Il était officier du génie en 1789. Il accepta avec enthousiasme les idées nouvelles. Musicien et homme de lettres, il était connu par sa facilité à faire des chansons patriotiques dont il notait lui-même les airs. Jusqu'à l'époque qu'il composa la *Marseillaise,* — nuit du 29 au 30 avril 1792, — sa verve guerrière et patriotique n'avait trouvé que d'assez médiocres accents, et lui-même ne se croyait pas un puissant génie. Ses œuvres postérieures n'ont pas témoigné non plus d'une exubérance de talent. Mais si « *l'indignation fait le vers,* » comme l'affirme Juvénal, que ne pouvaient l'amour exalté de la patrie et la soif de la vengeance d'un Français menacé par des *hordes barbares.* La Marseillaise est une œuvre à part de Rouget de Lisle. Elle a son rôle providentiel et vaut des armées à la France.

Quoiqu'il en soit, donnons la nomenclature des différents travaux de Rouget de Lisle :

1º Hymne à la Liberté, mis en musique par Pleyel ;

2º Le chant des Vengeurs, floréal an VI ;

3º Chant du Combat, nivôse an VIII ;

4º Hymne à l'Espérance, 1797 ;

5º Offrande à la Liberté, 1792 (la musique est de l'auteur) ;

6º Hymne à la Raison, an II ;

7º Hymne dithyrambique sur la conjuration de Robespierre, 18 thermidor ;

8º Adélaïde et Montville (roman) 1797, sous le pseudonyme de Auguste Hix.

9º Macbeth, tragédie lyrique en trois actes et en vers libres ;

10º Matinée, idylle, 1827 ;

11º Essais en vers et en prose, 1827 ;

12º L'Ecole des Mères, 1827 ;

13º Historique et souvenir de Quiberon, 1827 ;

14º Traduction française des fables du poëte russe Kirloff.

Rouget de Lisle combattit sous le général Hoche en Vendée et fut blessé à Quiberon. Napoléon, Louis XVIII et Charles X ne firent rien pour lui. Le roi Louis-Philippe lui donna une pension, réparant ainsi les torts de l'Empire et de la Restauration.

Il avait chanté la Marseillaise à Jemmapes et à Valmy.

Il mourut à Choisy-le-Roi en 1836. Son fils est toujours parmi nous. (*)

(*) 1875.

Son tombeau, qui n'est qu'une humble pierre couchée, échappa aux profanations prussiennes commises au cimetière de Choisy-le-Roi, lors du siége de Paris, par ces nouveaux barbares du Nord (1870-1871) les murailles en avaient été crénelées, et les tombes saccagées et profanées par eux.

La modestie du monument funéraire de Rouget de Lisle égale la modestie du Tyrté français ; elle fut sa sauvegarde.

La tombe de ce grand citoyen nous reste inviolée et sacrée comme un des plus précieux débris de l'héritage de nos péres de 1792.

La Marseillaise

OU CHANT DE L'ARMÉE DU RHIN

Historique

M. Hément a puisé dans les cartons de la bibliothéque nationale qui renferment les œuvres de Rouget de Lisle, quelques détails inédits sur l'origine de la Marseillaise. Ils sont consignés pour la premiére fois dans l'Almanach de la République française de l'an 1872 ; voici ce qu'on y lit :

« L'auteur de l'Hymne des Marsaillais, Rouget de Lisle, m'a conté plusieurs fois, sur ma demande, les circonstances de la composition de cet hymne.

» Dans la nuit du 29 au 30 avril 1792 qui suivit la déclaration de la guerre que Louis XVI fit à l'Autriche et à la Prusse, et pendant un souper où assistaient, avec l'auteur, MM. Victor de Broglie, (120) d'Aiguillon, Alexandre Duchâtel, Dietrich, ce dernier, maire de Strasbourg. On ouvrit l'avis d'ouvrir un chant nouveau pour le soldat, qui fut en harmonie avec les idées nouvelles et les motifs de la guerre.

» M. Rouget de Lisle était connu comme amateur musicien et comme homme de lettres, faisant avec facilité le couplet. M. Dietrich s'adressant à lui l'engagea à se charger de cette double composition (musique et paroles). Tous les convives se réunirent à la pensée de M. Dietrich, et, vers une heure de la nuit, après avoir sablé nombre de verres de champagne, il rentre chez lui et trouvant son violon sur son lit où il l'avait laissé en sortant ; il le prit, et plein de l'idée de ce qu'on lui avait demandé, il racla dessus en cherchant un motif d'air. Croyant l'avoir trouvé, il fit immédiatement les paroles, le tout dans sa tête et sans les jeter sur le papier, il se mit au lit.

Le lendemain, en se levant à six heures du matin, il fut assez heureux pour se ressouvenir de tout en écrivant la musique et les paroles, et se rendit de suite chez M. Dietrich, à qui il soumit son œuvre, et qui ne fut pas peu étonné d'une aussi prompte conception.

» Il était dans son jardin, il jeta les yeux sur ce chant; musicien amateur lui-même, il dit à M. Rouget de Lisle : « *Montons à notre salon que j'essaie votre air sur papier ; à la première vue je juge qu'il doit être bon ou bien mauvais.*

» M. Dietrich chantait fort bien, comme en général chantent les Alsaciens, allemands d'origine. Il fut frappé de la beauté de cet air, fit lever sa femme, qui était encore au lit et lui dit d'écrire de suite aux convives du souper de la veille de venir déjeûner chez lui, qu'il avait quelque chose d'important à leur communiquer.

» Toüs y vinrent, croyant qu'il avait déjà reçu des nouvelles des combats livrés par les généraux Lukner et Lafayette. Il s'obstine à ne point satisfaire leur curiosité que vers la fin du déjeûner où le champagne parut de nouveau.

» Il entonna l'hymne à pleine voix et produisit un effet admirable. Il reçut le titre de : *Chant de l'armée du Rhin.*

» Des journaux et des voyageurs de commerce le portèrent dans le Midi. Le bataillon de Volontaires marseillais se rendant à Paris, chanta cet hymne sur toute la route et en entrant dans la Capitale ; les Volontaires brandissaient leurs sabres ou portaient leurs drapeaux au bout de leurs bayonnettes, en chantant à gorge déployée. L'effet fut magique et le *Chant de l'armée du Rhin* porte depuis celui de la *Marseillaise.*

» C'est dans sa retraite de Choisy-le-Roi, où je l'ai vu plusieurs fois depuis la révolution de 1830, que M. Rouget de Lisle m'a raconté ces particularités en me donnant un exemplaire de ses œuvres.

» DELABARRE. »

L'authenticité de ce récit est incontestable. La famille Dietrich existe encore. Elle possède à Forbach et dans nos frontières extrêmes d'importants établissements que la guerre n'a pas épargnés. Cette patriotique famille a conservé les témoignages de ce récit immortalisé par les arts du dessin.

Dans un recueil de chansons publié à Lyon, en 1793, et où la *Marseillaise* est imprimée sous ce titre :

Chant de guerre pour l'armée du Rhin, dédié à la

*gloire des défenseurs de la patrie, elle comprend un
couplet qui n'en fait plus partie :*

« Que l'amitié, que la patrie....

Dans la première édition des *Essais en prose et en
vers,* de Rouget de Lisle, la Marseillaise qui y figure, ne
renferme que six couplets ; il manque l'un des plus célèbres, celui qui commence :

« Nous entrerons dans la carrière....

Ce n'est que dans les éditions postérieures à 1796 que
ce couplet a été imprimé.

Sur ce couplet : « *Nous entrerons dans la carrière....*
il ne peut guère y avoir de doute que Rouget de Lisle ne
l'a point composé, et qu'il ne figure pas durant les premières années de la Marseillaise ; mais quel en est le véritable auteur ?

Dans ces dernières années, en 1868 ou 1869, le *Journal de Vienne,* (Isère), a publié un article tendant à établir que le couplet :

« Nous entrerons dans la carrière....

est d'un certain abbé Pessonneaux, né en 1761, qui l'aurait fait pour être chanté par les élèves d'un collège qu'il
dirigeait, puis l'aurait envoyé à Rouget de Lisle, de qui
il aurait reçu des félicitations. Ce couplet aurait même
sauvé l'abbé que sa qualité de prêtre avait rendu sus-
pect et fait envoyer devant le tribunal révolutionnaire.
Pessonneaux exerça ensuite des fonctions municipales,
et mourut en 1835, à Seyssel (Isère), à soixante-quatorze
ans, dans une propriété qui, dernièrement, portait encore son nom.

Tour à tour, la Marseillaise, proscrite ou exaltée, selon les besoins du temps, elle n'en continue pas moins son œuvre glorieuse. Elle surexcite le patriotisme, elle anime les combattants, elle enfante des héros ! Chaque fois que ses notes électriques passent comme un souffle de vengeance sur les populations fanatisées, elle trouve une vie nouvelle et semble rajeunie. Que de fois nous l'avons entendue, et que de fois nous l'entendrons encore sans nous lasser.

De grands artistes l'ont interprêtée sur nos scènes lyriques et populaires, et tous y ont trouvé le succès. Rachel y rencontra son plus grand triomphe.

Rappelons à ce sujet l'anecdote suivante qui termine gaiement cet historique de la Marseillaise, avant de citer les pages de Lamartine et de Michelet, le plus grand historien français.

On raconte dans une ville, qu'il n'est pas besoin de nommer, surtout parce que l'anecdote qui va suivre est absolument historique.

La grande artiste jouait donc un soir les *Horaces*. A la fin de la pièce, naturellement le public demanda le chant national. Déjà fatiguée de la représentation, mademoiselle Rachel s'y refusa énergiquement et courut s'enfermer dans sa loge. Ce fut alors une véritable émeute dans la salle, si terrible même que le commissaire de police, un brave homme comme en on voit peu, parut au balcon, ceint de son écharpe, et déclara au public qu'il prenait l'affaire en main et allait, par son autorité, juger la chose. Il se rendit donc auprès de l'actrice.

— *Madame*, lui dit-il, *les spectateurs me paraissent vous demander une chose juste.*

— *Ou injuste, monsieur.*

— *Ou injuste, vous l'avez dit, madame, mais comme*

*ils paient intégralement leur place, si la Marseillaise
est dans les Horaces, vous la leur devez, et si elle n'y est
pas, vous ne la leur devez pas.*

— *Elle y est, monsieur*, répondit Rachel en partant
d'un grand éclat de rire, *et la preuve, c'est que je m'en
vais la chanter.*

Elle la chanta au milieu des trépignements de joie des
spectateurs.

Madame Bordas et Thérésa ne l'ont pas fait oublier,
la divine artiste.

La Marseillaise

D'APRÈS LAMARTINE.

La Marseillaise s'appela d'abord le *Chant de l'armée
du Rhin*. Quand on l'exécuta pour la première fois sur
la grande place de Strasbourg, l'enthousiasme fut si
grand que trois cents volontaires s'inscrivirent à l'Hôtel-
de-Ville.

On sait le mot de Carnot à Rouget de Lisle. — « Ta
Marseillaise a donné cent mille défenseurs à la République. »

En 1840, sous le ministère Thiers, lors de la guerre
d'Orient, la Marseillaise eut un renouveau, et l'on vit à
l'Opéra, aux stalles d'orchestre, M. Armand Marrast
donner le signe de ce cri :

— « La Marseillaise ! la Marseillaise ! »

Je ne parlerai ni de Nourrit en 1830, ni de Rachel en
1848 ; mais comment oublier l'effet produit au Cirque
olympique par la Marseillaise dans la *Révolution française,* de Ferdinand Laloue et de Fabrice Labrousse.

C'était dans un tableau intitulé : les Enrôlements volontaires ; la scène se passait sur le Pont-Neuf, les volontaires venaient s'inscrire en masse sur un registre placé sur l'autel de la patrie. Au sortir de la première représentation, un duc dit à Laloue : — « *Quelle magnifique chose que la Marseillaise ! J'ai été sur le point d'escalader la scène pour aller me faire inscrire.* »

Mais cédons la parole aux maîtres :

« La Marseillaise rassure la patrie et fait pâlir le citoyen. Voici son origine.

» Il y avait alors un jeune officier du génie en garnison à Strasbourg ; son nom était Rouget de Lisle. Il était né à Lons-le-Saulnier, dans le Jura, pays de rêverie et d'énergie comme le sont toujours les montagnes. Ce jeune homme aimait la guerre comme soldat, la révolution comme penseur... Recherché pour son double talent de musicien et de poéte ; il fréquentait familiérement la maison du baron de Dietrich, noble alsacien du parti constitutionnel, ami de Lafayette et maire de Strasbourg. La femme du baron de Dietrich, ses jeunes amies, partageaient l'enthousiasme du patriotisme et de la Révolution, qui palpitait surtout aux frontiéres, comme les crispations du corps menacé sont plus sensibles aux extrémités. Elles aimaient le jeune officier, elles inspiraient son cœur, sa poésie, sa musique. Elles exécutaient les premiéres ses pensées à peine écloses, confidentes des balbutiements de son génie.

» C'était dans l'hiver de 1792. La disette régnait à Strasbourg. La table de Dietrich était hospitalière pour Rouget de Lisle. Le jeune officier s'y asseyait le soir et le matin comme un fils ou un frère de la famille. Un jour qu'il n'y avait eu que du pain de munition et quelques tranches de jambon fumé sur la table, Dietrich re-

garda de Lisle avec une sérénité triste et lui dit :
« L'abondance manque à nos festins. Mais qu'importe,
si l'enthousiasme ne manque pas à nos fêtes civiques et
le courage au cœur de nos soldats ! J'ai encore une derniére bouteille de vin du Rhin dans mon cellier, qu'on
l'apporte, dit-il, et buvons-là à la liberté et à la patrie !
Strasbourg doit avoir bientôt une cérémonie patriotique ;
il faut que de Lisle puise dans ces dernières gouttes un
de ces hymnes qui portent dans l'âme du peuple l'ivresse
d'où il a jailli. » Les jeunes femmes applaudirent, apportèrent ce vin, remplirent les verres de Dietrich et du
jeune officier jusqu'à ce que la liqueur fut épuisée. Il
était tard, la nuit était roide ; de Lisle était rêveur ; son
cœur était ému, sa tête échauffée. Le froid le saisit, il
rentra chancelant dans sa chambre solitaire, chercha
lentement l'inspiration, tantôt dans les palpitations de
son âme de citoyen, tantôt sur le clavier de son instrument d'artiste, composant l'air avec les paroles, tantôt
les paroles avant l'air, et les associant tellement dans sa
pensée qu'il ne pouvait savoir lui-même lequel de la note
ou du vers était venu le premier, et qu'il était impossible
de séparer la poésie de la musique et le sentiment de
l'expression. Il chantait tout et n'écrivait rien.

Accablé de cette inspiration sublime, il s'endormit la
tête sur son instrument et ne se réveilla qu'au jour. Les
chants de la nuit lui remontèrent avec peine dans la
mémoire comme les impressions d'un rêve. Il les écri-
vit, les nota, et courut chez Dietrich. — Il le trouva dans
son jardin, bêchant de ses propres mains des laitues
d'hiver. La femme du maire patriote n'était pas encore
levée. Dietrich l'éveilla, il appela quelques amis tous
passionnés comme lui pour la musique et capables
d'exécuter la composition de de Lisle. Une des jeunes

filles accompagnait ; Rouget chanta. A la première strophe les visages pâlirent, à la seconde les larmes coulèrent, aux dernières le délire éclata. Dietrich, sa femme et le jeune officier se jetèrent en pleurant dans les bras les uns des autres ; l'hymne de la patrie était trouvé ! Hélas ! il devait être aussi celui de la terreur. L'infortuné Dietrich marcha, peu de mois après à l'échafaud, aux sons de ces notes nées à son foyer du cœur de son ami et de la voix de sa femme.

Ce nouveau chœur, exécuté quelques jours après à Strasbourg, vola de ville en ville sur tous les orchestres populaires. Les Marseillais le répandirent en France en le chantant sur leur route. De là lui vint le nom de *Marseillaise*. La vieille mère de de Lisle, royaliste et religieuse, épouvantée du retentissement de la voix de son fils, lui écrivait : « *Qu'est-ce donc que cet hymne révolutionnaire que chante une horde de brigands et auquel se mêle notre nom ?* »

De Lisle lui-même proscrit en qualité de fédéraliste, l'entendit, en frissonnant, retentir comme une menace de mort à ses oreilles, en fuyant dans les sentiers du Jura — « *Comment appelle-t-on cet hymne ?* » demanda-t-il à son guide.

— La *Marseillaise* lui répondit le paysan.

C'est ainsi qu'il apprit lui-même le nom de son propre ouvrage. Il était poursuivi par l'enthousiasme qu'il avait semé derrière lui. Il échappa à la peine de mort. L'arme se retournait contre la main qui l'avait forgée. La Révolution en démence ne connaissait plus sa propre voix. » (*)

____

(*) Est-ce vrai ?

La Marseillaise

D'APRÈS L'HISTORIEN MICHELET.

« Au moment où nos colonnes se mirent en mouvement, où le brouillard de Novembre, commençant à se lever, découvrit l'armée française, un grand concert d'instruments se fit entendre, une musique grave, imposante, remplit la vallée, monta aux collines ; une harmonie majestueuse semblait marcher devant la France. Les musiques de nos brigades partant toutes au même signal, ouvraient la bataille par la *Marseillaise ;* elles la jouèrent plusieurs fois, et dans les moments d'intervalle, où les rafales effroyables du bruit des canons faisaient quelque trêve, on entendait l'hymne sacré. La rage de l'artillerie ne pouvait étouffer entièrement l'air sublime des guerres fraternelles.

La superbe cavalerie, poursuivie par Dumouriez et les hussards, s'enfuit jusqu'à Mons.

Il revint alors vers l'infanterie : « *A vous, mes enfants !* » Et il se met de toutes ses forces à chanter la Marseillaise. Ce fut un entraînement. Un *Ça ira* des plus sauvages continua, et les redoutes furent emportées, les canonniers tués sur leurs pièces. Les grenadiers hongrois, ces splendides colosses, qui ne pouvaient rien comprendre à cette furie, furent en un moment envahis, dominés, sabrés. »

MICHELET.

La Marseillaise

D'APRÈS ROUGET DE LISLE LUI-MÊME

(Textuel).

***

Il y a vingt-neuf ans (lisons-nous dans le N° 2, 18 décembre 1863 de l'*Autographe)*, il se publiait à Paris un ouvrage intitulé les *Habitations des illustres contemporains*. Un des éditeurs, M. Champin, pria M. E. Breton de lui dessiner la maison qu'habitait à Choisy-le-Roi, Rouget de Lisle, alors âgé de 74 ans et n'ayant pour toutes ressources qu'une pension de 1,200 francs sur la cassette de Louis-Philippe. — M. Breton accepta cette tâche et s'en acquitta d'une façon si aimable que le vieux poëte lui demanda s'il ne pouvait se libérer envers lui par un service quelconque.

— Oh oui ! répondit le jeune peintre ; mais n'est-ce point abuser de votre complaisance ? écrivez-moi de votre main un couplet de la *Marseillaise*.

— Ce n'est pas grand'chose pour vous, fit le vieillard, tandis que pour moi c'est une rude tâche ; j'ai presque continuellement le bras droit paralysé par la goutte. N'importe ! Je prendrai mon temps pour vous satisfaire.

Trois mois après, M. Breton recevait la *Marseillaise* dans la lettre d'envoi que nous donnons, ci-après, comme pièce à l'appui.

On s'étonnera peut-être de ne trouver ici que six couplets ; il manque celui des enfants :

Nous entrerons dans la carrière, etc.

Lettre

adressée par Rouget de Lisle à M. Ernest Breton, artiste, chez Monsieur son père, rue Richer, n° 6, à Paris.

———

Au commencement les six couplets suivants :

Allons, enfants de la patrie,
Le jour de gloire est arrivé ;
Contre nous de la tyrannie
L'étendard sanglant est levé. (*bis*)
Entendez-vous dans les campagnes
Mugir ces féroces soldats ?
Ils viennent jusque dans vos bras,
Egorger vos fils, vos compagnes.

 Aux armes, citoyens !
 Formez vos bataillons ;
 Marchons, Marchons,
 Qu'un sang impur abreuve nos sillons.

———

Que veut cette horde d'esclaves,
De traîtres, de Rois conjurés ?
Pour qui ces ignobles entraves,
Ces fers dès longtemps préparés ? (*bis*)
Français, pour nous, ah ! quel outrage !
Quels transports il doit exciter !
C'est nous qu'on ose méditer
De rendre à l'antique esclavage !

 Aux armes, Citoyens ! etc.

———

Quoi des cohortes étrangères,
Feraient la loi dans nos foyers !
Quoi ! ces phalanges mercenaires
Terrasseraient nos fiers guerriers ! (*bis*)

Grand Dieu ! par des mains enchaînées
Nos fronts sous le joug se ploieraient !
De vils despotes deviendraient
Les moteurs de nos destinées !

Aux armes, Citoyens ! etc.

—

Tremblez, tyrans ! et vous perfides,
L'opprobe de tous les partis ! (121)
Tremblez, vos projets parricides
Vont enfin recevoir leur prix ! (*bis*)
Tout est soldat pour vous combattre
S'ils tombent, nos jeunes héros,
La terre en produit de nouveaux
Contre vous, tout prêts à se battre.

Aux armes, Citoyens ! etc.

—

Français ! en guerriers magnanimes
Portez ou retenez vos coups ,
Epargnez ces tristes victimes
A regret s'armant contre nous. (*bis*)
Mais le despote sanguinaire,
Mais les complices de Bouillé,
Tous ces tigres qui sans pitié
Déchirent le sein de leur mère.

Aux armes, Citoyens ! etc.

—

Amour sacré de la patrie,
Conduis, soutiens nos bras vengeurs.
Liberté ! Liberté chérie !
Combats avec tes défenseurs. (*bis*)
Sous nos drapeaux que la victoire
Accoure à nos mâles accents ;

Que tes ennemis expirants
Voient ton triomphe et notre gloire.

Aux armes, Citoyens !
Formez vos bataillons ;
Marchons, Marchons,
Qu'un sang impur abreuve nos sillons.

Couplets ajoutés après 1796 :

Nous entrerons dans la carrière
Quand nos aînés n'y seront plus
Nous y trouverons leur poussière
Et la trace de leurs vertus ! (*bis*)
Bien moins jaloux de leur survivre
Que de partager leur cercueil
Nous aurons le sublime orgueil
De les venger ou de les suivre.

Aux armes, Citoyens ! etc.

Que l'amitié, que la patrie
Fassent l'objet de tous nos vœux ;
Ayons toujours l'âme nourrie
Des feux qu'ils inspirent tous deux. (*bis*)
Soyons unis, tout est possible ;
Nos vils ennemis tomberont,
Alors les Français cesseront
De chanter ce refrain terrible :

Aux armes, Citoyens !
Formez vos bataillons ;
Marchons, Marchons,
Qu'un sang impur abreuve nos sillons.

La Marseillaise de 1877. (122)

Air de la Marseillaise.

I. — LE RÉVEIL.

Debout ! cités républicaines,
Le jour du vote est arrivé !
Tressaillez, collines et plaines :
L'étendard du peuple est levé ! (*bis*)
Un ciel d'azur, plein d'espérance,
Nous promet un heureux destin ;
La voix puissante du tocsin
Annonce le réveil de la France !

Refrain :

Aux urnes, citoyens !
Marchons, républicains !
Marchez, marchons avec fierté,
Vive la Liberté !

II. — INVOCATION.

Du sein de ta brillante aurore,
Descends vers nous, ô Liberté !
Viens, oh ! viens, le peuple t'implore,
Accours, divine Egalité ! (*bis*)
Et toi, nous t'invoquons encore
Avec des pleurs, Fraternité !
Toi que l'ingrate humanité
Met en croix, et puis qu'elle adore

Refrain :

Aux urnes, citoyens ! etc.

III. — Une Voix badine.

Dans un jour d'insigne folie,
Quand l'étranger faisait faction,
Trompant la loyale Vigie,
Ils ont crié « Dissolution ! » (*bis*)
Dissolvez tant qu'il vous plaira :
Cela jamais n'empêchera
De vous quereller en ménage.

Refrain :

Aux urnes, citoyens ! etc.

IV. — Chœur des Paysans.

Nous habitons de pauvres huttes,
Ne connaissant rien que nos champs ;
Nous entendons peu vos disputes,
Messieurs... que sont des paysans ? (*bis*)
Pourtant, sous notre dure écorce,
On trouve toujours une main,
Un cœur, un bras et le levain
Qui fait que l'homme est une force !...

Refrain :

Aux urnes, citoyens ! etc.

V. — Chœur des Ouvriers.

Frères, nous prolongeons nos veilles
Pour les heureux qu'a faits le ciel ;
L'atelier est l'essaim d'abeilles,
Pour d'autres distillant le miel (*bis*)
Nous avons donc mêmes compagnes
L'Espérance et la Pauvreté ;

Même ennemi, la Royauté !...
Embrassons-nous, villes et campagnes !

Refrain :

Aux urnes, citoyens ! etc.

VI. — Chœur des Vieillards.

Comme jadis firent nos pères,
Armés de glaives moins sanglants,
Pour chasser dans leurs noirs repaires.
Forcez ! écrasez les tyrans ! (*bis*)
Tout prétendant est sacrilège ;
A bas le lys, le syllabus !
A bas le coq aux doigts crochus !
A bas Sedan et son cortège !

Refrain :

Aux urnes, citoyens !

VII. — Chœur des Soldats.

« Amour sacré de la patrie »,
Pour toi, seul guide de l'honneur,
Pour toi le soldat sacrifie
Son toit, sa vie avec bonheur. (*bis*)
Mais te trahir, France chérie,
Suivre un étendard criminel ?
Quoi ! nous ! vers ton sein maternel
Tourner le fer... Oh ! calomnie !...

Refrain :

Aux urnes, citoyens ! etc.

VIII. — Chœur des Enfants.

« Nous entrerons dans la carrière,
Quand nos aînés n'y seront plus » !
Nous jurons, France, ô notre mère,
D'imiter, pour toi, leurs vertus ! (*bis*)
Nous grandirons sous ta bannière,
Au souffle de la liberté,
Comme on voit, au soleil d'été,
Mûrir la tige printanière.

Refrain :

Aux urnes, citoyens ! etc.

IX. — L'Avenir.

Vers toi, brillante destinée
De mon pays persécuté,
Vers toi, s'élève ma pensée...
Dieu sourit à ta liberté ! (*bis*)
Relève enfin ta noble tête,
Peuple français, cesse ton deuil !
Républicains, avec orgueil,
Marchez au vote, à la conquête !

Refrain :

Aux urnes, citoyens ?
Marchons, républicains !
Marchez, marchons avec fierté,
Vive la Liberté !

Joachim FERRAN. (123)

Hymne à la Liberté

Paroles de Rouget de Lisle, musique par Ignace Pleyel.

Loin de nous le vain délire
D'une profane gaîtée,
Loin de nous les chants qu'inspire
Une molle volupté !
Liberté sainte ! Liberté sainte !
Viens, sois l'âme de nos vers,
Et que jusqu'à nos concerts
Tout porte en nous sa mâle empreinte.

Sous tes fortunés auspices,
Vois tes enfants réunis
Goûter les douces prémices,
Des biens que tu leur promis.
D'un pur hommage,
Ils honorent tes autels ;
Toi, du sein des immortels,
Daigne sourire à ton ouvrage.

Brûlant d'un zèle intrépide,
Fier de te connaître enfin,
Le Français, sous ton égide,
S'élance au plus beau destin.
Par mille obstacles,
En vain croit-on l'arrêter,
Quel effort peut résister
A ceux que guident les oracles?

Sous tes oppresseurs antiques
Le peuple a conquis ses droits ;
Nos vils préjugés gothiques
Sont remplacés par des lois.
L'or et les titres
Ne dispensent plus les rangs,
Les vertus et les talents
En sont les suprêmes arbitres.

—

Du Rhin jusqu'aux Pyrénées,
Des bords que ceint l'Océan
Jusqu'aux plaines couronnées
Par les âmes du Mont-Blanc.
Plus de barrières !
O liberté ! désormais
Sous ce beau nom de Français
Tu ne vois qu'un peuple de frères.

—

Pour renverser ton empire
Le despotisme aux abois
Rugit, s'agite, conspire,
Arme la horde des rois.
Que les rois tremblent,
Ce crime c'est le dernier ;
Leur chute est près d'expier
Les nœuds sanglants qui les rassemblent.

—

Ils franchissent nos limites,
Ces superbes potentats ;
Leurs cent mille satellites
Infestèrent nos Etats.

Tyrans, esclaves,
Comme l'ombre fuit le jour,
Tout à fui, tous sans retour
Ont disparu devant les braves.

—

Salut, roches helvétiques.
Berceau de la Liberté !
Salut provinces belgiques,
Où son culte est reporté !
Plages lointaines
Qu'affranchirent nos efforts,
Répondez à nos transports,
Des vengeurs ont brisé leurs chaînes.

Dans les *Essais en vers et en prose* de Rouget de Lisle, on trouve la note suivante de l'auteur lui-même, au sujet de l'*Hymne de la Liberté* :

« Le fond de cette hymne date des commencements de la Révolution. Il fut exécuté à Strasbourg à la cérémonie du premier acte constitutionnel. Traduit en allemand sur le même rhythme, il passa le Rhin et fut accueilli avec transport par les habitants de Brisgan.

» Souvent de la rive du fleuve, j'ai entendu le rivage opposé retentir à ce chant consacré à la liberté française Les circonstances l'ont soumis à bien des changements ; puisse-t-il ne plus en subir. »

Nous croyons être agréable à tous les vrais patriotes, en leur donnant, ci-après, la chanson alsacienne de Siebeker, intitulée *Le Uhlan*, et l'hymne patriotique du docteur Lacoste du Quesnoy (Nord).

Dans l'une nous revoyons la triste invasion — dont nous ne devons jamais perdre le douloureux souvenir — de 1870, avec ses horreurs, et, dans l'autre qu'on pourrait intituler : *Hymne de la Délivrance* ou de la *Revanche ;* les sentiments qu'exprime cet hymne, sont sublimes de patriotisme et d'humanité.

Le Uhlan

CHANSON ALSACIENNE

Passe cavalier tout le long des routes,
Sondant le terrain, comme un vrai rôdeur
Les yeux aux aguets, l'oreille aux écoutes !
Surtout veille au grain : gare au franc-tireur !
Au fond des buissons, sont les embuscades ;
Avance prudent, en caracolant ;
Montre nos sentiers à tes camarades ;
Tu les connais bien n'est-ce pas uhlan ?

    Le schapska sur l'œil, brandissant ta pique,
    Que j'aime à te voir prendre ton élan,
    Dernier chevalier d'ordre teutonique
        Uhlan !

Aux flancs du coteau, voilà bien la ferme,
Où, maigre, nu-pieds, n'ayant plus d'espoir,
Usant les chemins, sans trève, ni terme,
Et, criant la faim, tu frappas un soir.
Tu trouvas bon cœur, bon pain et bon gîte
Et, le ventre plein, tu partis un jour.
Allons ! cavalier, pille, pille vite,
Sabre les poulets dans la basse-cour !
    Le schapska, etc.

La reconnais-tu, la petite usine ?
C'est là qu'arrivant, sans un sou vaillant,
La famine aux dents, la crotte à l'échine,
Tu pus, sans soucis, vivre en travaillant.
Vois : la cheminée est sans étincelles,
La forge sans âme et les marteaux morts...
C'est moins dangereux que les citadelles ;
Allons ! cavalier, sus aux coffres-forts !

Le schapska, etc.

Quelle est donc, là-bas, cette maison blanche,
Couverte de vignes, en haut du ravin ?
— Hé ! mais ! c'est l'auberge où chaque dimanche
Je venais chanter en buvant du vin !
En France, on le sait, les âmes sont bonnes :
Tu pus te griser sans payer un liard.
Allons cavalier, défonce les tonnes,
Vide les flacons et pille le lard !

Le schapska, etc.

Où va ce passant, au visage austère,
Dont l'œil pénétrant dans ton regard lit ?
Il a confiant, avec toi, naguère,
Partagé souvent sa bourse et son lit.
Le soir, en causant de sa chère France,
Que de fois tous deux vous avez gémi !
C'est un patriote : apprête ta lance,
Allons ! cavalier, perce ton ami !

Le schapska, etc.

Devant ton cheval, une pauvre fille,
Se sauve éperdue. Allons ! beau vainqueur !

Tu la reconnais… pille, pille, pille !
Elle a mainte fois refusé ton cœur.
Du bois de ta lance, un coup sur la tête
A tous ses dédains saura couper court :
On nomme cela faire une conquête !
Allons ! cavalier, pille un peu d'amour !

    Le schapska, etc.

Le cœur affermi par maintes rasades,
Vainqueur sans combats, tu connais tes droits :
La plaine est déserte… A tes camarades,
Tu peux indiquer les meilleurs endroits.
Fouillez les maisons des greniers aux caves,
Raflez, raflez tout, du trop au trop peu !
Allons ! cavaliers, vous êtes des braves !
Il ne reste plus qu'à mettre le feu !

    Le schapska, etc.

Tu le sens déjà chez toi, dans l'histoire !
Lardant tous les cœurs de ton œil galant,
Le poitrail renflé, tu crèves de gloire
Et ne vois que Dieu plus grand qu'un uhlan !
Mais la gloire, hélas ! n'est pas ferme en Bauce :
Les femmes qui sont à tes deux genoux
Ne mettront jamais tes lauriers en sauce !
Et tu reviendras mendier chez nous !

    Le schapska sur l'œil, brandissant ta pique,
    Que j'aime à te voir prendre ton élan,
    Dernier chevalier d'ordre teutonique,
        Uhlan !

Hymne patriotique

A LA FRANCE.

Relève-toi, géante des batailles,
A tes destins, Dieu garde un jour bien beau,
Ton bras vainqueur sur d'illustres murailles
Replantera ton glorieux drapeau.
La ruse surprit la victoire,
France, sois fière de ton deuil,
De tes martyrs chaque cercueil
Porte les palmes de la gloire

Refrain. — Pour te venger de l'étranger,
A l'heure de la délivrance,
Tous tes enfants, ô noble France !
Seront soldats pour te venger.

Sur les feuillets de ton antique histoire
Tu peux tracer GRAVELOTTE et BORNY...
Quoi ! le Germain n'aurait-il plus mémoire
De *Ladonchamps*, de *Peltre* et *Servigny ?*
Tu bondissais dans la carrière,
Lionne alors blessée au flanc ;
En la rougissant de son sang,
L'ennemi mordait la poussière.

Pour te venger de l'étranger, etc.

Dans tes malheurs conserve l'espérance,
Dieu nous conduit par des chemins à lui !
Nous reverrons les beaux temps de la France,
César tombé, la République a lui.

Revanche ! Revanche sans trève !
Sur ton glaive retiens la main...
Tu ressusciteras demain ;
La France morte !... C'est un rêve !

Pour te venger de l'étranger, etc.

—

Ange vengeur abaissant les superbes,
Ton bras puissant et défenseur des droits,
Comme la faulx en juin fauche les herbes,
Fauchera tout, trônes, couronnes, rois.
Et cette victoire féconde
Pour les peuples, les nations,
Tracera les profonds sillons
Où doit germer la paix du monde.

Pour te venger de l'étranger, etc.

—

Alors ta voix criera : plus de frontières !
Oubli, pardon, justice, liberté ;
Plus de tyrans, plus deluttes guerrières !
Rangés sous les mêmes bannières
Tous les hommes dans l'avenir,
Noble France, pour te bénir
N'auront pas assez de prières ;
Fais resplendir ce jour si doux
Où la paix régnera sur terre,
Où se tairont les cris de guerres,
Ciel, nous t'implorons à genoux.

—

Non plus d'alarmes,
Non plus de larmes,
Brisons nos armes

A tout jamais !
Les peuples frères,
Unis sincères,
Dans leurs mystères
Fêtent la paix.

—

Tout front rayonne,
Tout cœur pardonne,
Quel heureux jour !
Tout est ivresse,
Vive allégresse,
Tout est amour !

—

Non plus de chaînes,
Non plus de haînes
Non plus de plaines
Rouges de sang !
Que ta lumière,
Bientôt éclaire
Ce jour prospère,
Dieu tout-puissant. (124)

APPENDICE

—

DISCOURS

DE M. LE PRÉFET DE L'AISNE.

—

MESSIEURS,

Il y a cinq ans, à pareil jour (19 janvier 1871), à pareille heure, ces lieux étaient un champ de bataille. La France faisait ici, en même temps que sous les murs de Paris, un dernier et héroïque effort pour arrêter ses envahisseurs.

Après six semaines de fatigues et de combats incessants, l'armée du Nord vint, le matin du 19 Janvier 1871, occuper les hauteurs qui nous environnent, et elle y fut immédiatement attaquée par des forces considérables. Vous avez suivi avec anxiété les péripéties de cette lutte sanglante. Vous avez été témoins de l'énergique résistance de nos troupes. Vous les avez vues d'abord repoussant avec succès les attaques de l'ennemi, plus tard ébranlées par ces colonnes sans cesse grossissantes ; puis, accablées par le nombre, enveloppées de toutes parts, cédant le terrain pied à pied et échappant enfin à travers la nuit aux adversaires qui croyaient les anéantir.

Quelques jours après, la France déposait les armes. L'heure était venue pour elle de compter ses blessures, de mesurer ses deuils, de pleurer sur les enfants que la guerre lui avait enlevés, sur ceux qui ont conservé la vie en perdant leur patrie !... Pour eux la France ne veut pas être consolée ; ceux qui sont morts en combattant, plus heureux que les premiers, car dans leur immortalité ils sont toujours ses enfants, et leurs dépouilles reposent sur le sol natal. Ces dépouilles ont été pieusement recueillies sur les divers champs de bataille, et la ville de Saint-Quentin, si vaillante dans la lutte, si grande dans le malheur, n'a eu garde de se laisser devancer dans l'accomplissement de cette œuvre patriotique. Le premier anniversaire du 19 janvier a vu poser la première pierre du monument qui devait en perpétuer le souvenir ; aujourd'hui nous venons au pied de ce monument que la religion a deux fois consacré, rendre un dernier hommage à la mémoire des soldats dont les tombes sont réunies autour de nous.

Tout à l'heure, dans l'antique collégiale, nous avons prié pour le repos de leurs âmes, pour les vieux parents, pour les veuves, pour les orphelins qu'ils ont laissés dans la douleur, et vous avez peut-être songé avec amertume que cette immense douleur, que ce sacrifice suprême avait été stérile, puisqu'ils n'avaient pas assuré la victoire à notre drapeau.

Non, Messieurs, ce sacrifice n'a pas été stérile, car il nous a donné de salutaires exemples ; il a ranimé nos courages, nos vertus civiques, notre confiance dans l'avenir de notre pays. Comme une semence féconde, le sang de nos soldats a fait germer dans tous les cœurs l'esprit militaire, a fait surgir des légions de défenseurs ! Tout Français tient à honneur aujourd'hui d'avoir sa place marquée dans le rang ; les pères de famille quittent sans hésitation leur foyer pour aller dans les camps apprendre à manier les armes dont leur jeunesse n'avait pas connu le poids, et les générations qui se lèvent à l'ombre de ces monuments funéraires seront instruites et fortifiées par l'expérience des maux que nous avons soufferts.

Gloria victis: Gloire à ces nobles vaincus, gloire à ceux qui, en succombant sur ce chant de bataille, le 19 Janvier 1871, ont sauvé l'honneur de la France, et lui ont ouvert la voie du relèvement, du salut ! (125)

DISCOURS

DE M. MARIOLLE-PINGUET, MAIRE DE SAINT-QUENTIN

19 Janvier 1876.

Messieurs,

Au milieu des revers qui accablaient la Patrie, alors que les champs qui nous entourent se remplissaient de sang et nos murs de deuil, un dépôt sacré fut confié à la ville de Saint-Quentin ; c'étaient les restes chéris des vaillants enfants de la France et de cette cité, morts pour la défense du sol natal.

La municipalité, interprète des vœux de tous, décida d'élever à leur mémoire un monument qui perpétuât dans les âges futurs leur sublime sacrifice. Chacun de nos concitoyens voulut, dans ce but, joindre son offrande à la somme votée par le Conseil municipal. Ainsi s'est élevé ce mausolée, œuvre de la ville entière, qui témoignera, dans l'avenir, de leur piété envers les précieuses reliques qu'il va recouvrir.

Ce monument redira aux générations qui nous suivront,.l'admirable dévouement de cette armée du Nord qui, sous la conduite d'un chef intrépide, lutta opiniâtrement contre des forces incomparablement supérieures en nombre et en armes, et apporta sa large part de souffrances et de victimes pour sauver l'honneur national.

Ils reposeront, ces restes précieux, dans cette terre de Saint-Quentin, déjà ennoblie par les cendres d'héroïques aïeux, à l'ombre de l'image de cette France auguste qui leur tend des couronnes et sous la garde de cette cité qui veillera près d'eux avec amour.

Ce n'est pas seulement la ville de Saint-Quentin, ce ne sont pas seulement ses habitants, qui ont pourvu à l'érection de ce monument. Nous devons à l'Etat le bronze dont la statue est faite : lui aussi a voulu non-seulement s'associer à cette œuvre sainte, mais encore participer à sa réalisation.

La ville de Saint-Quentin et les familles des victimes sont profondément reconnaissantes de ce don généreux, et je prie en leur nom M. le Président de la République de recevoir l'expression respectueuse de notre commune gratitude.

Les travaux de la magistrature suprême dont il est revêtu n'ont pas permis à M. le maréchal de Mac-Mahon de répondre à l'invitation que nous lui avons adressée de présider cette patriotique et funèbre cérémonie, il a bien voulu déléguer, pour le représenter, M. le commandant Gibouin.

Nous prions M. le commandant Gibouin de porter au chef vénéré du gouvernement l'expression de nos regrets et en même temps nos remerciements, pour le choix qu'il a bien voulu faire de son représentant.

Nous adressons les mêmes regrets et les mêmes remerciements à M. le ministre de la guerre.

Et vous, anciens frères d'armes des braves tombés sur le champ de bataille qui êtes venus de loin unir votre douleur à celle de leurs parents et des habitants de cette ville, permettez-moi de remercier en votre nom et au nom de tous, le premier magistrat de ce département, et les autres autorités civiles et militaires, des hommages qu'ils sont venus rendre avec nous à ces tombes chéries.

La voix de ces canons, qui tonnent là-bas, n'avait pas fait tressaillir notre sol depuis cinq ans ; vos frères tombaient alors, écrasés mais non désespérés ; nous non plus nous ne désespérons pas.

Le culte que nous leur avons voué est impérissable dans nos cœurs ; et si le bras de la patrie a été meurtri dans un jour néfaste, son âme est toujours vivante, son sein toujours fécond, et cette mère auguste puisera, puise déjà des forces nouvelles jusque dans ses blessures. (126)

L'Ecole Alsacienne.

Nous empruntons au livre de M. Tissot (*), le récit des moyens employés par les Allemands, pour enlever à notre chère Alsace tout ce qui l'attache à la France. C'est en substituant l'éducation allemande à l'éducation française que nos vainqueurs veulent atteindre leur but, c'est en

(*) Le pays de *Vende,* (le Hanovre et l'Alsace,) 1876.

exterminant en Alsace-Lorraine la langue française. Nos ennemis emploient pour cela des vexations de toute sorte comme on va le voir.

« Dans les nouveaux réglements pour les écoles d'Alsace-Lorraine, dit M. Tissot, l'étude du français figure parmi les langues étrangères. On y a consacré d'abord *quatre heures* par semaine ; mais à partir du 1er octobre 1873, l'enseignement du français fut complétement supprimé dans les écoles primaires.

Que firent les dames de Mulhouse ? Elles se mirent à la disposition des parents qui voulaient faire apprendre le français à leurs enfants. Les autorités s'émurent d'une si grande audace ; les parents d'un côté et les dames de l'autre, furent menacés de la prison. Dans les écoles supérieures, on a toléré par grâce l'enseignement du français, deux fois par semaine.

Les enfants mettent un véritable acharnement à baragouiner le français (*). Pendant les récréations, il se livre des batailles entre les petits Français et les petits Allemands et l'on entend des *Vive la France!* qui réjouissent le cœur, mais qui font dresser les cheveux du magister, lequel arrive en toute hâte, armé d'un bon gourdin pour faire respecter le traité de Francfort.

Cette façon odieuse de traiter la France n'efface pas le souvenir de la vraie patrie dans le cœur des petits Alsaciens. Ils vengent à leur manière la France bafouée et outragée. Le directeur du collége communal de Mulhouse, le docteur de la dive-bouteille, Hermann, en est réduit à tracer une raie en travers de la cour, pour mettre les Français d'un côté et les Allemands de l'autre ! Il a dû aussi aposter des agents de police prussiens aux

(*) On devrait mettre un peu plus d'ardeur à apprendre l'allemand aux jeunes Français.

heures de sortie, pour protéger la tendre marmaille tudesque.

M. Rosenberg, professeur à l'école professionnelle, qu'on rencontre ému, chaque soir, dans les rues, s'écria un jour devant ses élèves, qui avaient égratigné quelques chérubins germaniques :

— Oui, je suis un tigre ; oui, je suis un lion, et je vais montrer aux enfants français ce que je suis, jusqu'à ce que le sang leur jaillisse de la tête.

Armé d'un gros bâton, il frappait à droite et à gauche, comme dans un accès de *delirium tremens.*

Lorsque M. Cherbulliez, directeur de l'école profession- nelle de Mulhouse, réunit, en 1872, ses élèves pour fêter la saint Guillaume, ceux-ci sortirent en hurlant de toute la force de leurs poumons : *Vive la France !*

A Mulhouse, un de ces professeurs de la gaie science teutonisante et pantagruélisante, arrivait souvent, fort ému, à ses leçons du soir. Ses élèves voulurent lui faire une niche. Ils lui présentèrent un magnifique bouquet de fleurs fraîchement cueillies.

Il l'accepta, en souriant, en s'inclinant et, pendant toute une heure, il le respira avec délices, sans remarquer, tellement sa vue était troublée, que ce bouquet fallacieux était un bouquet tricolore, composé de marguerites, de scabieuses et de roses rouges.

Dans une autre école de Mulhouse, on faisait un jour lire à haute voix dans un de ces catéchismes de haine. Tout à coup l'élève s'arrête :

— Continuez, dit le maître.

— Non, car ce n'est pas vrai, s'écrie bravement le pe- tit Alsacien ; on dit que l'Allemagne est ma patrie bien- aimée ; ma patrie, c'est la France.

Le magister crut que le ciel s'effondrait. Remis de sa

stupéfaction, il tomba à bras raccourcis sur le pauvre petit qui dut garder le lit pendant toute une semaine. Ses camarades aussi patriotes que lui, se cotisèrent et lui offrirent un magnifique *couteau d'honneur*.

A Sarrebourg, la *Marseillaise* fut chantée un jour dans les rues par des voix enfantines, qui se faisaient les échos des douleurs et des tristesses du foyer.

A Wolgantzen, l'inspecteur allemand interroge les élèves de l'école communale sur différents sujets. Vient l'histoire sainte :

— Qui a crucifié le Christ? demanda-t-il à un petit bambin de neuf ans.

— Ce sont les Prussiens ! répondit l'enfant sans hésiter.

Furieux, l'inspecteur regarde fixement l'instituteur qui n'en peut mais...

— Qui t'a dit cela? crie-t-il au gamin.

— Personne ; mais à l'église, sur les tableaux du chemin de la Croix, les bourreaux du Christ portent le casque à pointe. Et ils ont fait tant de mal chez nous, qu'eux seuls peuvent avoir crucifié Jésus.

Un autre inspecteur demandait dernièrement à un enfant quelles villes l'Allemagne avait prises dans la dernière guerre.

— Aucune, répondit l'enfant.

— Comment! et Strasbourg?

— Ils ne l'ont pas prise, ils l'ont brûlée.

— Et Metz?

— Pas prise non plus ! ils l'ont eue par trahison !

Dans une école de village, on demandait à un enfant :

— Aimes-tu la France?

— Oui, répondit-il d'un ton énergique.

Le maître d'école, rouge de colère, le fustigea. (128)

Le colonel Denfert-Rochereau.

La France vient de perdre — lisons-nous dans la *Petite République française, n° 762, 14 mai 1878* — un de ses meilleurs enfants et la République un de ses partisans les plus convaincus. Le colonel Denfert-Rochereau, défenseur de Belfort, député du sixième arrondissement de Paris, questeur de la Chambre des députés, est mort subitement à Versailles dans la soirée du 11 mai.

Avec lui s'éteint une de nos gloires militaires les plus pures.

Le colonel Denfert n'était pas seulement un brave soldat, mais un honnête homme, dans la plus large acception du mot. Il n'était pas de ceux qui ne croient qu'à la force, qui méprisent ce qu'ils appellent le bourgeois, et qui, hors des camps semblent dépaysés, tant ils sont étrangers aux idées de leurs concitoyens.

Il aimait la liberté, il l'aimait d'un amour sincère et désintéressé. Ce n'est pas lui qui aurait prêté son épée à un coup de force et sacrifié le devoir à l'ambition de changer d'épaulettes.

Personne plus que lui ne sut rendre l'obéissance douce et presque volontaire. Il n'écrasait pas ses inférieurs du poids de sa personnalité ; il rendait justice à leur mérite, encourageait chez eux l'esprit d'initiative et ne croyait pas la discipline incompatible avec le respect de la dignité humaine.

Dans les épreuves de ces temps derniers, quand la réaction tenait la France baillonnée, quand l'incertitude du lendemain pesait sur tous les cœurs, les bons citoyens tournaient volontiers leurs regards vers cette loyale et sympathique figure. Chacun sentait qu'il se mettrait du côté de la loi et qu'il défendrait la République comme il avait défendu Belfort.

Nous ne pouvons prononcer le nom de Belfort sans émotion. Heureuse citadelle de Belfort ! plus heureuse que Metz, elle a eu pour la défendre non pas un traître vendu à une dynastie, mais un patriote.

Le colonel Denfert n'imita pas l'homme qui parlementa avec le Prussien et envoya négocier à Chislehurst. Il ne pensa qu'à son devoir, et, sans faiblesse, le remplit jusqu'au bout.

Il supporta cent quatre jours de siége, soixante-treize jours de bombardement, un déluge de mitraille, et, sommé de se rendre, il fit au général prussien cette fiére réponse : *Nous connaissons toute l'étendue de nos devoirs envers la France et envers la République, et nous saurons les remplir.* »

Le 6 décembre 1870, le général prussien qui assiégeait Belfort télégraphiait que la ville pouvait tenir encore six jours au plus ; mais ce général ne connaissait pas Denfert, car la ville tint jusqu'au 28 janvier 1871.

Le brave officier était, dans la vie privée, le plus doux, le plus simple, le plus modeste des hommes. La Révolution de 1789 a produit des types semblables, et notre République ne manquera, nous l'espérons bien, ni de ces vertus, ni de ces dévouements.

M. Denfert a eu après la guerre une double fortune : celle d'exciter la jalousie de *l'invincible Changarnier,* et celle d'être insultée par les monàrchistes. Aujourd'hui même une feuille bonapartiste crache sur sa mémoire.

La France la vengera. Elle doit à ce soldat, à ce citoyen de belles funérailles populaires.

C'est un devoir dont elle saura s'acquitter.

Le colonel Denfert n'avait que cinquante-cinq ans ; il était né à Saint-Maxent (Deux-Sèvres). Il entra à l'Ecole polytechnique, puis à l'Ecole d'application de Metz, d'où il sortit le premier comme officier du génie en 1845. Il fit comme tel la campagne de Crimée, et parvint, en 1863 au grade de lieutenant-colonel.

En 1870, il fut chargé de la défense de Belfort, dont il s'acquitta, comme nous l'avons rappelé précédemment, avec la plus remarquable et la plus rare énergie ; il ne quitta la place que le 18 février 1871, après la signature de l'armistice et sur l'autorisation du gouvernement de la Défense nationale, avec les honneurs de la guerre stipulés pour la garnison.

Pendant la guerre, il avait reçu le grade de colonel, que la commission de l'Assemblée nationale lui maintint.

Au scrutin du 8 février, le colonel Denfert fut élu député du Haut-Rhin : il donna sa démission après la signature du traité de paix, fut réélu le 2 juillet de la même année par la Charente-Inférieure, le Doubs et l'Isère, et opta pour la Charente-Inférieure.

Il fut porté comme candidat au Sénat dans le département de la Charente-Inférieure, mais il échoua, il demanda alors sa mise à la retraite et fut élu député par le VIe arrondissement de Paris, la Chambre lui confia les fonctions de questeur, qu'il n'a jamais cessé d'exercer.

La Marseillaise

ENFLAMMANT LE COURAGE DES DÉFENSEURS DE LA PATRIE.

M. A. Delescluze, dans son *Essai historique* de la ville de Landrecies, 1866, nous rapporte, en parlant du siége de cette place, par les Autrichiens en 1794, le trait suivant qui démontre l'effet que produisait le chant de notre hymne national, sur les soldats citoyens :

« Les remparts n'offraient plus, dit-il, que l'aspect d'une ruine... ; La municipalité, mue par un patriotisme à toute épreuve, soutenait le courage des habitants dont aucun ne fit entendre le moindre murmure :

— » Que risquons-nous maintenant ? leur disaient ces magistrats ; l'ennemi a détruit nos habitations, mais nos remparts sont solides malgré ce qu'ils ont soufferts ; nous tiendrons cette place jusqu'à ce que le secours qui nous est promis arrive ; alors, à nous la vengeance, nous ferons payer cher à l'ennemi le mal qu'il nous a fait, mais tenons bon, et ne nous laissons pas abattre ; quand la victoire que va remporter le général Pichegru sur les Autrichiens viendra nous délivrer, qu'elle nous trouve tous au poste de l'honneur, jusque-là, mourons s'il le faut, avec courage et en vrais républicains, mais ne ternissons pas notre gloire par la pusillanimité. »

A ces mots, les cris de : *Vive la République !* retentirent, et un hourra étourdissant se fit entendre jusqu'aux postes des assiégeants.

Un vieillard, dans un moment de fièvre patriotique, entonna d'une voix ferme ce couplet de l'hymne immortel de Rouget de Lisle, et tout le monde fit chorus au refrain :

Amour sacré de la patrie
Conduis, soutiens nos bras vengeurs,
Liberté, liberté chérie,
Combats avec tes défenseurs; (*bis*)
Sous nos drapeaux que la victoire
Accoure à tes mâles accents ;
Que tes ennemis expirants
Voient ton triomphe et notre gloire !

Aux armes, Citoyens ! formez vos bataillons,
Marchons, marchons, qu'un sang impur abreuve nos sillons.

A peine ce refrain était-il terminé qu'une bombe autrichienne tombe, éclate, et blesse mortellement ce
courageux vieillard. On l'emporte, mais voyant des larmes dans les yeux d'un de ses vieux amis, il lui dit :
« Compére, pourquoi pleures-tu ? pourquoi t'apitoyer
sur mon sort ? Je suis trop heureux de mourir pour la
patrie ; à mon âge je n'espérais une aussi glorieuse
mort ; » aprés un instant de repos, il reprit : « Mes amis
rappelez-vous qu'il est glorieux de mourir au champ
d'honneur. *Vive la République !* » Sa tête retomba sur
sa poitrine... il était mort.

Marseillaise.

COUPLET POUVANT FACILEMENT FAIRE SUITE
A LA MARSEILLAISE DE 1877.

Vite inscrivons sur nos frontières,
Auprès du mot Fraternité :

Que tous les peuples sont frères,
Que nous voulons leur liberté. (*bis*)
Rois, nous ne sommes plus des vôtres.
Vous tuez pour votre grandeur ;
Nous voulons vivre avec l'honneur
De nous aimer les uns les autres.

Au travail, citoyens, quittez vos bataillons.
Semons, forgeons,
Et que nos droits remplacent nos canons. (129)

X.

NOTES EXPLICATIVES

DE L'OUVRAGE.

1 Madame Beruard est la femme d'un officier de cavalerie attaché
à l'état-major du général Chanzy.
2 *Petit Journal,* Thomas Grim, 1872.
3 Discours de la Fête de Jeanne d'Arc à Orléans, par l'abbé Per-
reyre, mai 1862.
4 M. Labbé, professeur au Lycée de Nantes, 10 août 1872.
5 *Autogràphe,* 1863.
6 E. Quinet, id.
7 Delphine Gay, id.
8 Pierre Larousse, *Livre des Permutations,* page 132.
9 Nous éprouvâmes en débarquant à Marseille le 10 octobre 1857,
une telle émotion de revoir la patrie, aprés douze ans d'absence,
que nous nous serions agenouillés volontiers pour embrasser l
sol sacré de la France : nos yeux étaient remplis de larmes.
10 Th. Grim, 27 août 1872.
11 *Petit Journal,* 1871.
12   id.   ' 1873.
13 L'ex-maréchal Bazaine, lui, les livrait aux Prussiens au lieu de
les détruire.
14 *Progrès du Nord,* 1871.
15 On lisait sur l'oriflamme : *Montjoie Saint-Denis.*
16 *Progrès du Nord,* 1871.
17 M. Thiers, Message du 14 novembre 1873.
18 Napoléon I".
19 Mozaïque n° 40, 1872.
20 M. de Lamartine.
21 Paroles attribuées à M. de Mac-Mahon, Président de la République.
22 Histoire de l'Invasion par Louis Noir et Louis Sacré, 1873.

23 Mozaïque n° 40, 1872.

24 Mais quel pain ! pire cent fois que celui que l'on fait pour les chiens : on l'a vu, même en province, et on en conserve encore comme souvenir du siège.

25 Il la perdit (Napoléon III) avec sa couronne à Sedan.

26 Les Prussiens ne l'ont pris que par la famine et l'incurie de Trochu, pour ne pas dire plus : tout le monde sait cela généralement.

27 *Courrier du Nord,* 12 octobre 1872.

28 Il la perdit avec son armée, en rendant son épée à Guillaume.

29 La Garde nationale et la Mobile.

30 *Avenir de la Sarthe,* 6 janvier 1873.

31 *Courrier du Nord,* 9 octobre 1872.

32 Femmes de France, par MM. Paul et Henri de Treilles, 1872.

33 Constitution, 5 février 1872.

34 Gouverneur de la Suisse pour l'Autriche, au XIII° siècle ; il avait fait mettre son chapeau au bout d'une pique, sur la place publique, et il exigeait que chaque passant s'inclinât devant sa coiffure : Guillaume Tell refusa.

35 Femmes de France, etc.

36   id.   id.

37   id.   id.

38   id.   id.

39 M. de Bismarck, celui qui affirme que « *la force prime le droit.* «

40 Femmes de France, etc.

41 _   id.   id.

42 *Petit Journal,* 11 janvier 1873.

43 Anti-prussien 1873.

44 Constitution, 4 octobre 1871.

45 *Courrier du Nord,* 9 octobre 1872.

46 Lettres de Metz, 1873.

47 *Courrier de la Moselle,* 18 septembre 1873.

48   id.

49 *Petit Journal,* 29 octobre 1873.

50 *Petit Journal,* 30 octobre 1873.

51 Le fils du Comptable de M. Morane, rue du Banquier, n° 10, Paris.

52 *Petit Journal,* 2 octobre 1873.

53 *Petit Journal du Nord,* 1er mars 1873.

54 L'emprunt des 3 millards a été 14 fois couvert, et s'est élevé à 42 milliards. Paris seul souscrivit pour un milliard, juillet 1872 — Page 84, *Progrès du Nord,* 23 mai 1873.

55 Adresse envoyée à M. Thiers, député de Paris, ancien Président de la République française.

52 Jules Claretie, page 86-90, témoin oculaire.

57   id.

58 Il n'y avait rien pour panser nos pauvres soldats blessés : tout manquait généralement, et cependant que de souscriptions officielles !...

59 Pierre Larousse, *Livre des Permutations,* 1869.

60 Le Bailly, 1872.

61 Corsaire, 12 août 1872.

62 Glas et Carillon, par Paul Collin, 1873.

63 Nobles et sublimes pensées !

64 *Petit journal,* 2 novembre 1872.

65 Nous tenions à rappeler le Bourget pour deux motifs : honorer la mémoire du brave commandant Baroche, fils d'un ex-ministre de l'Empire, et celle de l'un de nos élèves, Léopold Broutard, du Quesnoy (Nord), franc-tireur de la Presse, tombé glorieusement aussi sur ce champ de bataille et de lutte acharnées. Le mémoire du général de Bellemare fait retomber, en quelque sorte, la responsabilité de ce lugubre et glorieux échec sur Trochu.

66 Mort glorieuse et patriotique.

67 Amour et Patrie.

68 *Petit Journal,* Th. Grim, octobre 1873.

69 *Courrier populaire du Nord,* mars 1874.

70 Victor Hugo.

71 Mot énergique, peignant le profond mépris de la vaine-gloire.

72 Comme Trochu, le plan de la défense de Paris.

73 Le fusil prussien à aiguille.

74 La pauvre Alsace.

75 Siège de Paris, par Théophile Astrié, Paris 1871.

76 Anti-prussien 1872.

77 En rechercher les causes dans l'incurie et l'impéritie impériales.

78 Relire la circulaire de M. Léon Gambetta au général Trochu, page 122.

79 Et la trahison d'un Bazaine... et l'incurie d'un Trochu...Ne disons rien de plus, c'est peut-être déjà trop pour beaucoup de ceux qui ne sont, hélas ! Français que de nom.

80 *Courrier populaire du Nord,* 13 octobre 1874.

81 Tous hommes de cœur et d'énergie.

82 Page 117.

83 Page 118-122.

84 Constitution, 3 janvier 1872.

85 *Progrès du Nord,* 8 mai 1873.

86 Page 134, Bénistan, artiste dramatique, homme de. lettres et
    patriote.

87 Le nombre en a été malheureusement trop grand.

88 *Observateur d'Avesnes*, 10 octobre 1872.

89 Des victoires pacifiques, celles qui réuniront les peuples euro-
    péens sous la bannière de la paix et de l'union républicaines.

90 *Journal de Loir-et-Cher*, 1871. — Peçois ici, cher Léon, noble
    martyr de l'obéisance et du courage militaire, avec ton brave
    camarade, le tribut d'hommage patriotique que t'adresse avec
    larmes ton vieux professeur.

91 Et ne dit-on pas encore que nous n'avons plus besoin de places
    fortes, qu'elles sont inutiles au point de vue de la défense ?
    Phalsbourg, Belfort, Bitche, la Petite-Pierre, Verdun et Landre-
    cies n'ont-elles pas affirmé le contraire par leur héroïque résis-
    tance ? C'est incontestable.

92 Page 142, le Bailly, 1873.

93 *Courrier du Nord*, 1872.

94 Le Bailly, 1873.

95 Verdun a été évacuée le 13 septembre 1873. Si cette viile sait en-
    envoyer ses dragées fondantes à ses amis, connaissances et
    clients, elle sait aussi envoyer aux ennemis de la patrie les
    dures dragées de fer et de plomb.

96 *Courrier populaire*, 13 décembre 1873.

97 *Petit Moniteur*, 28 mai 1873.

98 Ce million d'hommes n avait pas été exercé et préparé au com-
    bat, et cependant Bapaume, Pont-Noyelles, Villers-Bretonneux,
    et Saint-Quentin avaient des héros : là on a vu le courage des
    fils de la Flandre française, ces descendants des Nerviens, sous
    la conduite de leur illustre chef, le brave Faidherbe, le noble
    enfant du Nord.

99 Le *paysan* est l'*homme du pays*, le descendant des Gaulois vain-
    cus, et le *bourgeois*, l'*homme du burg* ou *bourg;* il est le descen-
    dant des soldats Francs ou Germains vainqueurs. Ces deux mots
    expliquent l'animosité inconsciente des uns et des autres à tra-
    vers les siècles de notre histoire. Cet antagenisme doit cesser
    définitivement, pour faire place à la vraie fraternité des habi-
    tants du même sol, formant la même et commune patrie. L'union
    se fera sur l'autel de cette même patrie, ayant la République
    pour la consolider à toujours.

100 Comme Bazaine et Trochu.

101 « Le droit prime la force » et non « la force prime le droit »,
     comme l'a dit M. de Bismarck, nous dit M. Renouard, procureur
     général.

102 *Courrier populaire,* 31 décembre 1874.

103 Bazaine, lui, ne voulut jamais sortir : il fallait rester sous Metz plutôt que de combattre pour la France et l'intégrité de son territoire.

104 Après la reddition de la malheureuse et triste ville de Metz, les Prussiens trouvèrent des quantités de vivres et de sel avariés dans les forts. Voir le procès du... commandant en chef, Bazaine le sinistre.

105 L esprit est et devrait toujours être au-dessus de la force brutale « *cedant arma togœ* ».

106 Mozaïque, 2ᵐᵉ année, 11 avril 1874.

107 Le *Résumé général,* qu'il faut lire avec soin tout entier, est, et restera une admirable page d'un souffle aussi puissant qu'il est ferme dans son argumentation, logique dans l'enchaînement des faits. (Thomas Grim, 13 octobre 1873).

108 Les juges du 1ᵉʳ conseil de guerre n'ont fait que se conformer à la loi, en demandant la commutation de peine en faveur de Bazaine, loi qui concerne ceux dont les services antérieurs à la faute ont été exceptionnels.

109 Bel honneur d'avoir trahi son pays !...

110 Français ! travaillons, instruisons-nous et veillons continuellement sur les menées ténébreuses de l'ennemi : il est connu.

111   id.

112 Les Allemands ou Germains ont toujours été nos ennemis et ceux de notre sol; César, du reste, nous l'indique dans ses *Commentaires;* aussi disons-nous à tous nos compatriotes : Français ! prenez garde à vous, l'Allemand vous guette.

113 *Petit Journal,* 28 juillet 1874.

114 Page 230, depuis 1806, La Prusse rêvait sa revanche.

115 La Prusse a fait et voudra toujours faire du Russe son gendarme et son agent de police.

116 Alors il serait impossible de se défendre contre l'ennemi ?

117 Le vrai patriote n'aura jamais d'autres lois que celles de défenfendre l'honneur et l'indépendance de son pays.

118 *Petit Journal,* 28 juillet 1878.

119 *Petit national,* 15 août 1874.

120 M. le duc de Broglie, descendant de M. Victor de Broglie assisterait-il à un souper semblable ? Il est permis d'en douter.

121 Ceux qui tantôt sont royalistes ou impérialistes, et puis ensuite républicains. Ils se disent même plus républicains que ceux qui l'ont toujours été.

122 Cet hymne étant plus en harmonie avec le gouvernement républicain actuel que l'ancien; aussi nous sommes-nous empressés,

à la demande d'un jeune patriote, de l'insérer à la suite de la *Marseillaise* de Rouget de Lisle, croyant être agréable à nos bienveillants lecteurs.

123 Typographie Tolmer et C°, rue Four-S'-Germain, 43, Paris.

124 Chez Brasselet, libraire, au Quesnoy (Nord).

125 Un monument a été inauguré le 19 janvier 1876 à Saint-Quentin, aux frais de sa municipalité, comme paiement d'une dette sacrée envers les victimes de la bataille du 19 janvier 1871. Il est aussi pour leurs compagnons d'armes, soldats de l'armée active, mobiles et mobilisés, une récompense tardive mais honorable.

126 *Revue hebdomadaire* de Cambrai, 22 janvier 1876.

127   id.   id.

128 *Courrier populaire* de Lille.

129   id.   id.

130 La fureur des réactionnaires contre la Marseillaise est comique, mais elle ne nous surprend pas. La réaction, qui gâte tout ce qu'elle touche, avait touché à la Marseillaise ; elle la croyait morte ; mais la grande chanson est immortelle. La voilà plus jeune, plus puissante que jamais. On aura beau faire, c'est le chant du peuple ; chaque fois que le césarisme a voulu l'exploiter, elle a perdu sa vertu. Les Français l'ont dans le sang. Nous n'avons pas besoin qu'on la décrète officiellement *Chant national.*

 « Dans les grandes journées, comme l'écrivait récemment M. John Lemoinne, elle partira toute seule. » On l'a bien vu le 30 juin 1878. (*Progrès du Nord*, 9 juillet 1878.)

131 Cette gravure est la reproduction d'un plan de monument conçu par l'auteur, il devait être érigé au Quesnoy, en l'honneur des victimes de la guerre appartenant aux deux cantons ; mais — prévoyant de grandes difficultés, — l'auteur préféra en ériger deux : 1° la reproduction du monument projeté ; 2° celui des actes patriotiques accomplis par nos compatriotes et nos concitoyens, actes qui sont consignés dans son humble travail.

OBSERVATIONS & ERRATA

Quelques-uns de nos nombreux souscripteurs nous ayant témoigné le désir de ne pas voir figurer leur nom à la fin de notre volume, comme l'indique les feuilles signées par eux, et cela par convenances politiques et religieuses.

Voulant, autant que possible, être agréable à tous ceux qui nous ont honoré de leur signature, nous prévenons donc nos bienveillants souscripteurs, qu'ils recevront, séparément, quelques feuilles supplémentaires imprimées, énonçant leur nom, profession, résidence, ainsi que les noms, grades, etc., des victimes de la Guerre de 1870-1871, appartenant aux cantons Est et Ouest du Quesnoy.

PAGE

10   ligne 33, au lieu de *ubi bene, ubi patria,* lisez : *ubi bene, ibi patria.*

22   ligne 1ʳᵉ, au lieu de *les traits d'héroïsme,* lisez : *des traits d'héroïsme.*

22   ligne 22, au lieu de *sur lequel étaient représentés,* lisez : *sur lequel était représenté.*

24   ligne 19ᵉ, au lieu de *fut récompensé et punit,* lisez : *fut récompensé et puni.*

25   ligne 21ᵉ, au lieu de *rouges et blancs,* lisez : *rouges et bleus.*

27   ligne 9ᵉ, au lieu de *et les couleurs furent placés,* lisez : *et les couleurs furent placées.*

57   ligne 26ᵉ, au lieu de *les conditions   la gageure,* lisez : *les conditions de la gageure.*

PAGE

96 ligne 17ᵉ, au lieu de *et pour exposer les tenta-tions honteuses,* lisez: *et pour exposer les tentatives honteuses.*

115 ligne 21ᵉ, au lieu de *constituaient,* lisez: *constituant.*

123 ligne 28ᵉ, au lieu de *peut-être,* lisez: *peut être.*

147 ligne 21ᵉ, au lieu de *le non-capitular,* lisez: *le non-capitulard.*

151 ligne 8ᵉ, au lieu de *condottire,* lisez: *condottiere.*

160 ligne 1ʳᵉ, au lieu de *Mais hâtons de revenir,* lisez: *Mais hâtons-nous de revenir.*

168 ligne 20ᵉ, au lieu de *son visage en rendrait tous les combats,* lisez: *son visage en rendait tous les combats.*

186 ligne 6ᵉ, au lieu de *c'est là qu'il fauȝ cherche,* lisez: *c'est là qu'il faut chercher.*

208 ligne 21ᵉ, au lieu de *étalent,* lisez: *étaient.*

217 ligne 20ᵉ, à l'Analyse, au lieu de *Les Germains prennent l tiers,* lisez: *Les Germains prennent le tiers.*

219 ligne 4ᵉ, au lieu de *popalo,* lisez: *populo.*

220 ligne 23ᵉ, au lieu de *qui nupez,* lisez: *qui nuper.*

224 ligne 24ᵉ, au lieu de *petobant,* lisez: *petebant.*

227 ligne 14ᵉ, au lieu de *mé aits,* lisez: *méfaits.*

227 ligne 18ᵉ, au lieu de *Germini,* lisez: *Germani.*

229 ligne 8ᵉ, au lieu de *esnérons,* lisez: *espérons.*

235 ligne 32ᵉ, au lieu de *et défendre le sol envahi de notre chère France,* lisez: *et défendra le sol envahi de notre chère patrie.*

246 ligne 18ᵉ, au lieu de *noble alsacien,* lisez: *noble Alsacien.*

TABLE DES MATIÈRES

www.ingramcontent.com/pod-product-compliance
Lightning Source LLC
LaVergne TN
LVHW050405060726
842524LV00002B/477